岳曉東◎著

歷史名人的 心理分析

商務印書館

歷史名人的心理分析

作　　者：岳曉東
責任編輯：徐昕宇
出　　版：商務印書館（香港）有限公司
　　　　　香港筲箕灣耀興道 3 號東滙廣場 8 樓
　　　　　http://www.commercialpress.com.hk
發　　行：香港聯合書刊物流有限公司
　　　　　香港新界大埔汀麗路 36 號中華商務印刷大廈 3 字樓
印　　刷：陽光印刷製本廠有限公司
　　　　　香港柴灣安業街 3 號新藝工業大廈 (6 字) 樓 G 及 H 座
版　　次：2009 年 11 月第 1 版第 2 次印刷
　　　　　© 2009 商務印書館（香港）有限公司
　　　　　ISBN 978 962 07 6417 2
　　　　　Printed in Hong Kong

序

為古人做心理素描

　　我們常說"性格決定命運"，到底哪些人格特質會決定人生的成敗？在歷史長河中留下足跡的那些歷史人物，他們的性格如何影響個人的命運乃至歷史進程的發展？透過對歷史名人的心理分析，可以給現代人提供甚麼樣的前車之鑒？

　　本書將歷史學與心理學相結合，選取了 21 位歷史名人做"心理素描"，這些案例的分析涉及人格障礙者、人格完善者、自我分裂者、自我整合者……所論範圍廣及人格心理學、變態心理學、社會心理學及精神分析理論等領域。力圖運用科學嚴謹的心理學知識和豐富翔實的歷史史料，勾畫出他們突出的人格特徵與情結表現，從而揭示出這些廣為人知的人物背後鮮為人知的內心世界，並從心理學角度剖析其歷史功過。同時希望以此將心理學的種種抽象概念具體化、生活化、鮮明化，以使讀者們都"開心眼"——學會用心理學的眼光來看待人生的喜怒哀樂，悲歡離合。

　　這次我將心理學與歷史學結合，是一次大膽嘗試，其中難免有各種不足或有待商榷之處。本書的觀點只是一得之見，希望藉此起到拋磚引玉的作用，引起人們的關注與評論。所以，衷心歡迎大家對本書提出批評建議，以便我在日後的寫作中加以調整、修改。

在此書出版之際，我深深地感謝我的助手梁瀟，他為此書的整理、編輯和資料收集投入了大量的心血。沒有他的這些投入，本書不會如此順利地完成。同時，我也十分感謝商務印書館的編輯徐昕宇，他對此書嚴格把關，使它避免了許多文字上、資料上乃至觀點上的失誤。

最後，我謹以此書獻給廣大的心理學工作者，希望本書能夠有助於提高您對心理學的領悟，並把這種領悟巧妙地運用於您的教學、研究與諮詢實踐中去。同時，我也以此書獻給廣大的心理學愛好者，希望本書會提高你們對心理學的興趣，並增長你們對心理學的見識。

岳曉東

2009 年 3 月

目 錄

第一章

人格障礙

　　人格（Personality）是一個人具有一定傾向性的心理特徵的總和，是個體特有的特質模式及行為傾向的統一體。而人格障礙（Personality Disorder）則是指從童年或少年期開始，並持續終生的顯著偏離常態的人格。根據現代人格心理學理論，人格障礙一般可分為偏執型、情感型、分裂樣型、爆發型、強迫型、癔症型、無力型、反社會型和不合群型等。

1.1 王安石——
偏執型人格障礙

一個人格不完善的人，是無法領導社會進步的。
試問：一個性格"拗扭"之人，
何以包容天下，禮服眾心呢？

　　王安石（公元 1021—1086 年），字介甫，號半山，江西臨川人，北宋傑出的政治家、思想家、文學家，被譽為唐宋八大家之一。慶曆二年（1042），王安石科舉高中進士第四名，先後任淮南判官、鄞縣知縣、舒州通判、常州知州、提點江東刑獄等地方官。治平四年（1067）神宗詔王安石知江寧府，旋召為翰林學士。多年擔任地方官的經歷，使他深切認識到宋代社會貧困化的根源在於兼併，當時所面臨的危局是"內則不能無以社稷為憂，外則不能無懼於夷狄"。熙寧初，王安石同年輕的宋神宗議論治國之道，深得宋神宗賞識。熙寧二年（1069），王安石出任參知政事（宰相之副），次年，升任同平章事（宰相），開始大力推行改革，施行變法，史稱"熙寧變法"。但是變法遭到多方的抵制與反對，在巨大壓力面前，王安石兩度罷相，變法改革名存實亡。宋神宗死後，司馬光出任宰相，幾乎廢除了所有法案，熙寧變法以失敗而告終。

　　王安石變法的失敗，除了體制等固有因素限制外，又受到甚麼個人因素影響？對此，又該如何從心理學角度去解釋呢？

熙寧變法的兩大失誤

"熙寧變法"是中國歷史上最著名的變法之一，可惜這次變法前後跌宕起伏極大，以致成為朝臣長期相互傾軋的工具，其成效大打折扣。這與王安石決策的失誤及用人的不當有極大的關係。

王安石在沒有被重用之前，就已有才名。《宋史》說他"屬文動筆如飛"、"議論高奇，能以辯博濟其說……"。歐陽修稱讚王安石："翰林風月三千首，吏部文章二百年。老去自憐心尚在，後來誰與子爭先。"後來，文彥博和歐陽修極力推薦王安石，司馬光、韓絳、呂公著等人又大力呼應，王安石得以出任朝廷宰執重臣。可惜王安石自任同平章事後，朝中大官能與他合作的只有韓絳一人，其他人除了逝者，皆與王安石決裂。不僅如此，王安石改革中用的人後來都被稱為"熙豐小人"（熙寧、元豐是神宗的年號）。到1074年，神宗皇帝迫於眾議，不得不將王安石罷免。雖不到一年又被調回京城任相如故，但王安石再相一年九個月，終被再度罷免，不復啟用。

王安石竭盡全力變法，不惜與眾多親朋好友決裂，到頭來卻備受指責，究其原因主要有兩條：一是變法過激而令人無法適應；二是用人不當而使奸臣當道。

變法操切，民怨沸騰

王安石堅持"天變不足畏，祖宗不足法，人言不足恤"，在10多年時間裏，以"急進"之勢，接連推出農田水利、青苗、均輸、方田均稅、免役、市易、保甲、保馬等新法，並一口氣裁併了全國一百幾十個州縣。這些舉措雖一時減輕了國家的經濟負擔，卻給各級管理帶來了極大的混亂，最終使"熙寧變法"始而只進無退，終而大退少進。換言之，王安石實施變法，意欲將固有體制進行徹底整改，加之過於急躁，安有不敗之理？！

與此相反，司馬光等人則主張"漸進"的改革方法，逐步改變朝政。據《宋史‧食貨誌》記載，變法之初，司馬光也曾上疏神宗皇帝指出："國用不足，在用度太奢，賞賜不節，宗室繁多，官職冗濫，軍旅不精。"但就如何變法，司馬光認為："必須陛下與兩府大臣及三司官吏深思救弊之術，磨以歲月，庶幾有效，非愚臣一朝一夕所能裁減。"蘇軾則一開始就提醒神宗皇帝："陛下求治太急，聽言太廣，進人太銳。"可惜王安石對"漸進"的做法不屑一顧，此後，更將這批"反改革派"或貶為地方官、或令致仕退休。

王安石變法急切冒進，導致民怨沸騰，以至於東明縣農民上千人集體進京，在王安石宅前鬧事。熙寧七年（1074），一個曾被王安石提拔的看門小吏鄭俠，畫了一張《流民圖》進呈天子御覽。鄭俠還附了一道奏疏，說微臣在城門上，天天看見為變法所苦的平民百姓扶攜塞道，質妻鬻子，斬桑拆屋，橫死街頭，實在是忍無可忍。因此懇請皇上罷廢害民之法，"延萬姓垂死之命"。這件事令神宗觀後大為震驚，心如刀絞，兩宮太后（太皇太后和皇太后）觀後更是泣言："安石亂天下"。其實早在熙寧二年，御史中丞呂誨就上疏宋神宗："安石初無遠略，惟務改作立異，罔上欺下，文言飾非，誤天下蒼生，必斯人也。"（《宋史‧呂誨傳》）不知宋神宗此時會對此作何感想？

　　管理學上有一條重要原則：「做對事，並把對事做對」（Do the right thing, and do it right）。王安石的「熙寧變法」，無疑是在做一件對事，可惜由於他剛愎自用，獨斷專行，終而沒將對事做對。由此，王安石上負神宗皇帝之聖恩，平愧同僚故舊之信任，下辜四海黎民之殷望。

用人不當，終成小人亂政

　　王安石變法不僅政策有誤，用人更是有誤。換言之，王安石變法失利，也在於他啟用了一大批雖順從己見卻陰險狡詐之徒，結果導致「小人亂政」、「奸人壞法」。

　　何謂小人，以司馬光之見，就是德行不立之人，不論其才華高低。小人通常有兩個突出特徵：為求功名可以不擇手段，為泄私慾可以不計後果。而王安石最重要的支持者與助手呂惠卿、章惇、曾布、蔡卞、呂嘉問、蔡京、李定、鄧綰、薛向等人，盡是後世聲名狼藉之輩，絕大部分都被列進了官修正史《宋史》的奸臣冊中（表1）。這些人初入官場時，大多做事盡心盡意，盡顯才幹。但時間久了，他們便任人唯親，排除異己，且唯利是圖，為達目的不擇手段，做出種種為人所不齒的事情來。

　　司馬光曾將王安石的門生故舊概括為讒佞之徒與反覆之徒，其中尤以呂惠卿為最。呂惠卿曾是王安石最堅定的親信，是一位很有才幹的官員。但他後來為自身的升遷，竟設計陷害王安石，令神宗對王安石的信任大打折扣。章惇也是王安石的得力助手，可他後來在迫害「元祐黨人」時，可謂

表 1　王安石親信一覽表

新黨人物	主要官職	主要讒佞 / 反覆舉動
呂惠卿 (1032—1111)	參知政事 （副宰相）	為求自己的進一步升遷，竟離間宋神宗與王安石之間的關係，令王安石二次被罷免，難有作為。
章惇 (1035—1105)	參知政事 同平章事 （宰相）	把司馬光、蘇軾、范純仁等時下名流一概打成“元祐奸黨”，人數多達 120 人（以後又擴大到 309 人），並把他們的姓名鐫刻在石碑上，遍佈全國州縣，其瘋狂報復之程度空前絕後，令人髮指。
蔡京 (1047—1126)	參知政事 四任同平章事	積極參與並執行對“元祐奸黨”的殘酷迫害，晚年更是殘害忠良、任人唯親，導致奸臣當道，北宋滅亡。
蔡卞 (1048—1117)	中書舍人 尚書左丞	迫害異己、殘害忠良，謀取私利。
蔡確 (1037—1093)	參知政事 同平章事	迫害異己、誣陷賢良，謀取私利。
曾布 (1036—1107)	尚書右僕射 同平章事	排除異己，謀取私利。

新黨人物	主要官職	主要讒佞 / 反覆舉動
李定 （不詳）	御史中丞	迫害異己，誣陷賢良，製造 "烏台詩案" 之文字獄，迫害蘇軾，牽連歐陽修、文同等 20 多人。
鄧綰 （1028—1086）	御史中丞	多中傷善類，奸惡甚於章惇，且厚顏無恥。
安惇 （不詳）	吏部侍郎 邢部尚書	為了巴結章惇，多次誣陷賢良，進讒言。
舒亶 （1041—1103）	知制誥 御史中丞	迫害異己，誣陷賢良，參與製造 "烏台詩案" 之文字獄，瘋狂迫害蘇軾，牽連歐陽修、文同等 20 多人。
呂嘉問 （不詳）	市易司提舉 户部侍郎	依附章惇、蔡卞等人，多殺無辜，焚去案牘。

窮兇極惡，毫無君子風度可言。王安石的另一得力助手鄧綰更是做事不擇手段，厚顏無恥，他曾說：“笑罵由人笑罵，好官我自為之。”這句話成為後世指斥官場厚顏無恥行為的專用語。至於蔡京，更是中國歷史上少有的奸臣，搞得北宋末年的政壇烏煙瘴氣。

宋朝自立國以來，就一直遵循執政大臣“異論相攪”的祖訓，以防一家獨大，權臣當朝。可惜，王安石為求變法速成，將不同己見的大臣一概逐出朝廷，破壞了“異論相攪”的優良傳統。這不僅使王安石無法做到“兼聽則明”，也為北宋末年蔡京等奸臣把持朝政埋下了禍根。變法初年，御史劉琦等人指斥負責實行新法的薛向等人皆是小人。富弼罷相時也上疏宋神宗稱：（安石）“所進用者多小人”。可是王安石為執行自己的路線，未在德行上嚴格要求自己的盟友，致使他們大多都變成了“子係中山狼，得志便猖狂”（《紅樓夢》語）的佞人之輩，對此，王安石有不可推卸的責任。

王安石偏執人格障礙分析

王安石在“熙寧變法”中，獨斷專行，不容異見，導致變法嚴重受挫，其原因在哪裏？史學界一向認為這是由於王安石缺乏變法謀略及宋神宗支持不足，但就心理學而言，這也是由於王安石人格偏執，不善團結各方人士，最終因人廢事。作為一個偏執型人格的人，一般都具有強烈的自尊心，並十分敏感，固執己見，自命不凡。此外，一個人格偏執的人，還易將錯誤推諉他人或種種客觀原因（表2）。凡此種種，都會使當事人在待人處事中表現出種種的偏向、偏見、偏信、偏好、偏激行為，並給其人際溝通及合作共事帶來極大的阻礙。

王安石由於其偏執人格，既不善聽取不同意見，也不善團結各方力量，樹敵過多，不但陷自己於不利境地，也累及神宗皇帝不能充分調動各方面力量來完成“熙寧變法”的大業。例如，王安石在變法過程中，一貫剛愎自用，獨斷專行，導致朝中大臣多與他決裂。這當中有人曾是他的靠山，如韓維、呂公著等人；有人曾是他的薦主，如文彥博、歐陽修等人；有人曾是他的上司，如富弼、韓琦等人；也有人曾是他的朋友，如范鎮、司馬光等人。雖然都是一時俊傑，朝廷重臣，卻因為不同意王安石的某些做法而被逐一趕出朝廷。特別是司馬光，念在與王安石共事數年的交情上，曾三次寫信給王安石，勸他調整自己的治國方略。可惜王安石就是執迷不悟，看一條駁一條，最終導致司馬光與他分道揚鑣，終生不再往來，直到公元 1086 年二人同年去世。還如，熙寧四年（1071），開封知府韓維報告說，境內民眾為了規避保甲法，竟有“截指斷腕者”。宋神宗就此事問及王安石，不想王安石竟回答：“這事靠不住。就算靠得住，也沒甚麼了不起。那些士大夫尚且不能理解新法，何況老百姓！”神宗皇帝聽了頗為不悅地說：“民言合而聽之則勝，亦不可不畏也。”王安石聽了仍是不以為然，因為在他看來，就連士大夫之言都可不予理睬，更何況是甚麼民言！王安石如此極端、如此自以為是，難怪人們都稱他為“拗相公”。

王安石早年在《上仁宗皇帝萬言書》提出了“教之、養之、取之、任之”的人才觀，認為若“有一非其道，則足以敗亂天下之才”。王安石還主張朝廷應對人才加以規劃培養：

表 2　王安石偏執人格行為表現及後果

特徵	定義	行為表現	突出後果
偏　向	不公正的認知傾向	自命不凡 一意孤行	變法強制執行，缺乏宣傳與嘗試，導致變法不得人心。
偏　見	不實際的認知判斷	不切實際 急功近利	頭腦發熱，不思反省，改革步伐過快。導致事與願違，民怨沸騰。
偏　信	帶有個人成見的判斷傾向	偏聽偏信 自以為是	聽不得不同意見，破壞了宋朝立國以來"異論相攪"的優良傳統，為奸臣當道埋下了禍根。
偏　好	帶有個人成見的選擇傾向	任人唯親 排斥異己	重用呂惠卿、曾布、蔡京、鄧綰、薛向等有才無德之徒，導致"小人亂政"、"奸人壞法"。
偏　激	過激的行為舉動	剛愎自用 主觀武斷	與司馬光、蘇軾等穩健改革派決裂，變改革爭論為黨派傾軋。

"明詔大臣思所以陶成天下之才，慮之以謀，計之以數，為之以漸，期為合於當世之變"。可惜，王安石口頭上稱用人要從長計議、任人唯賢，行動上卻急功近利，濫用親信。這雖為他的政策執行帶來一時的便利，卻為他變法失敗埋下了禍根。而到了後來，北宋的朝政已不再是變法與否的爭論，而是瘋狂迫害異己的鬥爭。北宋政權也就在這樣的爭鬥中迅速衰落、以至滅國。想來這與王安石的偏執人格有莫大關聯！

王安石的變法失利告訴後人：欲改變社會，必先改變自己；一個人格不完善的人，是不配也無法領導社會進步的。試問，一個性格"拗扭"之人，何以包容天下，禮服眾心呢？！

知識 小鏈接

偏執型人格障礙的表現

心理學中，偏執型人格又稱妄想型人格。其特點是自我評價過高，好勝心強，固執己見，多疑敏感，過分警惕。常採取過分的探查與防範措施，易嫉妒，好爭辯，聽不得批評意見，做了錯事總是推諉於客觀或歸罪於別人。臨牀心理學將偏執型人格的具體表現又進一步描述為六個方面：

1. 極度的感覺過敏，對侮辱和傷害耿耿於懷；

2. 思想行為固執死板、敏感多疑、心胸狹隘、愛妒忌；

3. 自以為是、自命不凡、對自己的能力估計過高，慣於把失敗和責任歸咎於他人；

4. 總是過多過高地要求別人，但從來不信任別人；

5. 不能正確、客觀地分析形勢，有問題易從個人感情出發，主觀片面性大；

6. 在家不能和睦，在外不能與朋友、同事相處融洽。

1.2 朱元璋——焦慮型人格障礙

朱元璋的人格悲劇在於：
他一生都在消滅對手，但他真正的對手卻是自己！

　　朱元璋（公元 1328—1398 年），幼名重八，安徽鳳陽人，父母早逝，家境貧寒，年輕時曾入寺為僧。1352 年率眾投紅巾軍，參加元末的農民起義，先後擊敗陳友諒、張士誠等，於 1368 年稱帝，建立明朝，定都南京，建元“洪武”。稱帝後半年，明軍攻克大都（今北京），元亡，明朝統一全國。朱元璋採取一系列措施加強皇權，如改革中央和地方的行政機構，廢除丞相，設立六部，調整軍事機構，推行科舉制度等等。在朱元璋統治的中後期，大肆誅殺有功之臣，動輒株連數萬人，並大興文字獄。對明初文化思想起了嚴重的束縛作用。

　　對朱元璋中老年的一系列暴行，史學界主要有兩種解釋：一是“蛻化變質”；二是“政治需要”。前者強調朱元璋殺功臣是小農思想的局限，也是農民軍領袖的蛻化變質；後者強調朱元璋殺功臣是帝王之術，也是政治鬥爭的必然結果。

　　雖然這兩種解釋都有一定道理，但它們無法解釋一個重要事實：同是開國皇帝，朱元璋為甚麼不可以像劉邦、劉秀、司馬炎、趙匡胤等人那樣雍容大度，善待功勳呢？這其中，又體現出了朱元璋的甚麼樣的心理素質和人格特質呢？

我認為，較之歷代開國皇帝，朱元璋的心理素質是最差的一個，差到出現了嚴重的心理障礙與人格分裂。我想以"重八—元璋人格分裂猜想"來概括朱元璋的心理扭曲歷程，它主要包括三個假設。

朱元璋患有典型的焦慮型神經症

朱元璋出身赤貧，早年曾飽嘗世間人情冷暖，後投效郭子興部下，很快成為一名戰將。他很善於挖掘人材，身邊聚集了一批高級謀士和優秀將領，如李善長、宋濂、劉基（伯溫）、朱升、藍玉等人。可悲的是，朱元璋在開創天下時，尚能廣招天下文人賢士，並放心任用手下部將。一俟天下方定，他卻開始擔心文臣們會鄙薄他的貧賤出身，武將們會篡奪他的皇位。久而久之，朱元璋出現了典型的焦慮型神經症表現，如嚴重缺乏自信、疑心疑鬼、極度敏感、易生妄想等。為了緩解其焦慮，朱元璋以整肅朝廷命官及屠殺官民為樂，他發明了廷杖這一懲處手段，在朝堂之上杖責大臣，使上自宰相，下至平民，沒有人能維持人性尊嚴。很多人竟"立斃杖下"，沒有杖斃者也落得一身殘疾，被發往鳳陽或其他邊州遠郡充軍。他曾對皇太孫說："吾治亂世，刑不得不重。"

除此之外，他還親自參與編寫了《大誥》、《大誥續編》、《大誥三編》和《大誥武臣》等法外之法，規定了有史以來最為嚴厲的肅貪法令：貪污 60 兩以上銀子者，立殺！對於那些獲罪的官吏，刑罰的手段千奇百怪，無所不用其極，包括凌遲、抽腸、刷洗（用開水澆人，然後用鐵刷子刷）、秤桿（用鐵鈎把人吊起風乾）、閹割、挖膝蓋等等，任何一樣都讓人不寒而慄。可朱元璋還是覺得不過癮，還設置了一項駭人聽聞的政策——貪官剝皮。他命令處死官員後，還要把官員的皮剝下來，然後在皮內塞上稻草，做成稻草人，掛於衙門公座之旁，供眾人參觀，以威懾貪官。這些嚴厲的肅貪刑罰，讓人不得不感歎朱元璋那種"要麼不做，要做就做絕"的辦事風格。

朱元璋對朝臣和文人的猜忌已經到了神經質的地步。洪武十三年（1380），朝廷發生了胡惟庸案件。胡惟庸曾任左丞相，是開國功臣李善長的女婿。他在任期間結黨營私，坑害異己，且貪污受財，圖謀不軌，所以被朱元璋誅殺，無可厚非。可朱元璋卻藉此大行株連之法，造成胡黨大獄，延續十年，誅殺三萬多人，其中包括二十多位功臣宿將及其家人，也累及李善長全家被殺，宋濂全家被貶，宋濂本人也死在流放途中。浙江府學林元亮為人寫《謝增俸表》中有"作則垂憲"之語，杭州府學教授徐一夔在賀表中有"光天之下，天生聖人，為世作則"之語，朱元璋竟認為"光天之下"是喻自己是禿僧，"作則"是喻自己做賊，下令將兩人處死。由此大興文字獄，令大臣文人都小心翼翼，緘口不言，朱元璋卻從中獲得極大的心理滿足。凡此種種都表明，朱元璋的心態極為扭曲，缺乏一代明君應有的胸懷。

朱元璋因過分焦慮而人格分裂

朱元璋一生主要有三種焦慮：生存焦慮、成就焦慮、權位焦慮。在這三種焦慮中，前者一度是真實存在的，卻被徹底消除了；中者是在打拼天下中產生的，並塑造了朱元璋的歷史形象和地位；後者基本上是虛幻妄想的，卻被一再誇大。由此可以判斷出，朱元璋神經症的根源是成就焦慮和權位焦慮。心理學對焦慮的定義是因社會因素而引發的憂心忡忡、忐忑不安和極度的緊張情緒。它是對威脅性事件或情況的一種高度憂慮不安的狀態，可導致精神過敏，高度緊張，嚴重者能達到生理和心理功能障礙的程度。

朱元璋的成就焦慮表現為他想遙比堯舜，建立一個絕對平等的社會，其中沒有任何豪族和貪官污吏。這使他不斷挑戰自我，完善自我，達到了空前的自我實現；朱元璋的權位焦慮表現為擔心朝廷要員會逐漸架空他的權力，甚至矇騙愚弄他。這使他極端偏執，猜疑成性，乃至濫殺無辜，不近情理。這兩種焦慮的交互作用，使得朱元璋長期生活在高度憂慮與緊張的亞健康狀態下，性格日益偏執，終而達至人格分裂。

按理說，朱元璋由一個貧僧一躍成為一個龐大帝國的開國皇帝，他本該像秦皇漢武、唐宗宋祖那樣充滿自信才是。但朱元璋的人格悲劇在於：他的急功近利做法經常會在現實中遇挫，對此他非但沒有作自我反省，反而遷怒於屬下，動輒殺人，株連九族，期望以嚴刑治亂世，到頭來只能徒增挫敗感。此外，朱元璋越老越自卑，他既不相信唐太宗的布衣宰相班子會善始善終，也不相信宋太祖的"杯酒釋兵權"可以令人高枕無憂。所以，臣下的成就越高，他的皇位焦慮也越高。

朱元璋在洪武十年前後有一個明顯的人格斷帶，俗稱"性情大變"或"判若兩人"。在心理學上，這是典型的人格分裂表現，它泛指一個人的性格特點出現結構性轉變。此時的朱元璋變得相當的自戀，它突出表現為缺乏同感、剛愎自用、偏執

表 3　焦慮型神經症與分裂型人格障礙的定義

	定義	臨牀表現	朱元璋的表現
焦慮型神經症	一種沒有明確對象或內容的恐懼感。	坐臥不安、緊張萬分，伴有心悸、氣促、多汗、眩暈、失眠、疲勞等心驅反應。	猜疑、敏感、喜怒無常、動輒殺人，並伴有心悸、氣促、嚴重失眠等。
分裂型人格障礙	一種根深蒂固、持續不變的人格轉變。	感情冷漠、缺乏親切感、缺乏同感、多疑。	性情暴躁、猜疑成性、冷漠絕情，早、晚年性情不一。

冷酷。這與早年的朱元璋可謂大相徑庭。由此，朱元璋一生的焦慮走過了一個 U 字型軌跡——早年是生存焦慮，晚年是成就焦慮和權位焦慮，它構建了朱元璋的一個個"心牢"，使他不斷陷入庸人自擾的困境（見圖 1）。與之呼應的是，朱元璋一生的處事方法也有一個 U 字型變化——早年用武力消滅敵手，晚年也用武力鏟除對手。

圖1 朱元璋一生焦慮走勢圖

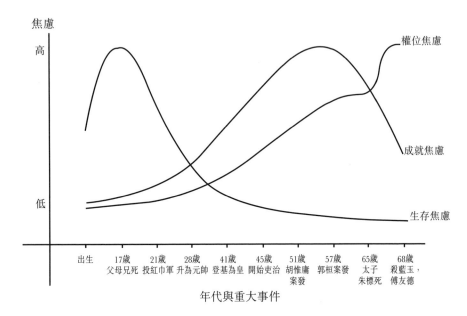

"重八 — 元璋"人格分裂猜想

朱元璋一生由卑賤走向富貴，而其心路歷程卻是由自信走向自卑。這主要是由其巨大的成就焦慮和皇位焦慮所致，前者給他帶來了無比沉重的心理包袱，工作很少有成就感；後者給他帶來了巨大的安全失落感，陷入了懷疑一切的泥潭。可以説，這兩種焦慮造成了朱元璋的人格悲劇，使他成為中國歷史上少有的暴君之一。

朱元璋的個人悲劇在於：當他充滿自卑的時候，他尚有幾分自信，而當他應感到充滿自信時，他卻尤感自卑。換言之，當朱元璋還叫朱重八的時候，他表現得相當的頑強、自信、禮賢下士、恢宏大度，縱然只是紅巾軍的一方將領，卻已是眾望所歸；但是自從朱重八改名為朱元璋之後，他便越來越敏感、脆弱、剛愎自用、殘忍兇暴。由此，朱重八是與朱元璋可謂兩個截然不同的人格，是仁君與暴君的鮮明對比。這與其說是歷代君王的政治權術或是皇權思想的作怪結果，倒不如說是朱元璋個人的人格悲劇。朱元璋在臨終前懺悔："吾不及古人（指堯舜）。"這說明他開始意識到自己是其"心牢"的犧牲者。因此，我們在看待朱元璋的一生功過時，不僅要看其時代背景和事件變化，也要看朱元璋的人格變化。

朱元璋的"重八—元璋人格分裂猜想"需要有大量史料來加以佐證，特別是史料中對朱元璋晚年健康狀態的記錄、對其用藥療養的記錄、對洪武二十六年至二十八年間的天象記錄等。只有這樣，我們才可以多元地、立體地看待朱元璋的晚年健康狀況及其對決策的影響。

更重要的是，"重八—元璋人格分裂猜想"說明，朱元璋由仁君變為暴君，更多是心理作用的結果，而非簡單是政治鬥爭的需要。換言之，從心理學的角度來剖析朱元璋晚年的所作所為，要遠比從政治學與史學的角度清晰得多。

表 4　朱元璋一生心理變化圖

公元	歲數	重大歷史事件	心理反應與動機	行為表現
1344 年	17 歲	父母長兄病死 入皇覺寺為行童	蒙受重大心理創傷 頓失安全感 面臨精神斷乳	過度思念親人 情緒低落 生活十分被動
1344 年 — 1348 年	17—21 歲	流浪於河南、 安徽一帶	深感自我迷茫 生存焦慮甚高	生活茫然不知 所措 為生存甚麼都 得做
1352 年	25 歲	投郭子興紅巾軍 招為郭子興女婿	自信心大增 開始成就感	做事主動 不再輕視自己
1354 年	27 歲	尋回失落親人 晉封為副元帥	補償早年心理創傷 安全感和成就感 大增	看重親情關係 處事果敢而恢 宏大度
1355 年	28 歲	郭子興死 逐漸接替為帥	自我感覺良好 尚無歷史使命感	處事更加果敢 而恢宏大度 滿足為一路英雄
1357 年 — 1361 年	30—34 歲	廣招天下賢能 志士 掃平陳友諒、 張士誠	自信心進一步增強 開始有歷史使命感 逾越帝王心理障礙	力圖效法先賢 開始有君臨天 下的打算
1368 年	41 歲	登基、建立明朝	自信心達到極點 焦慮達到最低點 最有成就感	以恢復漢人統 治為豪 自許天下感甚強 力圖恢復唐宋 舊制

公元	歲數	重大歷史事件	心理反應與動機	行為表現
1372 年	44 歲	甄別天下百官強化吏治，開始肅貪	開始出現成就焦慮自信心有所下降	開始出現心悸失眠
1374 年	46 歲	懲治貪官污吏	成就挫敗感進一步增強	將貪官污吏發配或處死
1380 年	53 歲	胡惟庸案	成就焦慮和權位焦慮提高開始以極端手法發泄焦慮	開始多疑、煩躁不安，性情開始變得多疑、兇殘興 "廷杖" 來泄私憤
1382 年	55 歲	空印案	成就挫敗感進一步加強開始出現自戀人格表現	更加多疑、殘暴，開始剛愎自用
1384 年	57 歲	郭桓案	成就焦慮達到頂點自戀人格表現突出	剛愎自用成性
1392 年	65 歲	皇太子朱標死，吏治始見成效	權位焦慮達到頂點成就焦慮相對減低	極度多疑、敏感
1393 年 — 1395 年	66—68 歲	殺藍玉、傅友德、馮勝	自戀人格表現達到頂點	剛愎自用登峰造極
1398 年	71 歲	朱元璋死	自歎不及古人	終有所反省

知識 小鏈接

甚麼是焦慮情緒？

簡單地說，焦慮是一切負面情緒匯合所產生的恐懼情緒。它是對威脅性事件或情況的一種高度憂慮不安的狀態，可導致精神過敏、高度緊張，嚴重者能達到生理和心理功能障礙的程度。 一般程度的焦慮情緒者，大多會產生痛苦、擔心、嫉妒、報復等情緒，而且還會對自己產生懷疑；而有嚴重焦慮情緒者則往往非常激動，非常痛苦，他們喊叫、發惡夢、報復心極強、食慾不振、消化和呼吸困難、過度肥胖，而且容易疲勞。最嚴重時，生理也會受到影響，如心臟加速、血壓升高、嘔吐、冒冷汗、精神緊張、肌肉硬化。

1.3

尼祿——
反社會型人格障礙

尼祿作為一個帝王,不僅毫無愛民之心,也毫無
罪惡感與內疚感。他用自己罪惡的一生
證明一個道理:多行不義必自斃。

古羅馬史學家塔西佗 (C. Tacitus) 在其著作《編年史》中有這樣的記載:"在皇帝的私人競技場上,一些基督徒被蒙上獸皮,讓狼狗活活咬死,另一些人被緊緊地捆在十字架上,點燃後作為黑夜中的火炬。身穿馭手服裝的皇帝和人群混在一起欣賞這一壯麗奇觀。"

誰是導演這場暴行的惡魔呢?就是凱撒的末代子孫,羅馬皇帝尼祿 (Nero Claudius Drusus Germanicus,公元 37—68 年)。尼祿於公元 54 年登基,是羅馬帝國歷史上最年輕一位皇帝,也是羅馬帝國克勞狄烏斯王朝最後一個皇帝。他酷愛藝術,曾一度禁止血腥的競技表演,但卻以殘忍冷酷、縱情聲色、奢華無度、焚燒羅馬城以及迫害基督徒而臭名昭著,是羅馬史上出名的暴君。公元 68 年,羅馬發生反抗其統治的叛亂,尼祿自殺身亡。

人們好奇的是,尼祿的殘暴從何而來?這背後,心理學又是如何解釋的?

對親人冷酷殘忍

尼祿出生在羅馬附近繁華的海濱城市安齊奧。他的父親是羅馬帝國的一個劣跡昭著的官員，曾殺死過許多無辜的百姓。母親是喀里古拉皇帝的胞妹，叫阿格里庇娜，也是一個毒如蛇蠍的女人，專門以折磨殺戮他人為樂。尼祿 3 歲時父親死去，母親與克勞第厄斯皇帝結婚。她先說服了克勞第厄斯立尼祿為嗣，後來又勸說他讓尼祿代替他自己親生兒子布里坦尼克斯繼承王位。趁克勞第厄斯沒有改變主意之前，阿格里庇娜就用一盤毒蘑菇把他毒死了。她又用一大筆錢收買了宮廷衛隊，然後正式宣佈 17 歲的尼祿為新的羅馬皇帝。

尼祿登上皇位後，擔心自己 14 歲的弟弟會篡奪其皇位，因為他是母后與克勞第厄斯的親生子。為此，他命人研製了一種烈性毒藥，在一次宴會中把它放進了弟弟的酒杯中。當弟弟飲進毒酒痛苦地在地上打滾痙攣時，尼祿卻若無其事地對他人說，弟弟只不過是在發癲癇病，一會兒就會好的。這令在場的所有人都目瞪口呆。

害死弟弟後，他又想害死母親，因為他討厭母親挑戰他至高無上的特權。為此，他精心策劃了一個殘暴的計劃，他在海濱舉行宴會招待母親，然後用一艘特製的船送她回家，結果這艘船在大海上破裂成碎片。但是其母親沒有被淹死，而是游到了岸邊，並派人向尼祿求救。尼祿接見母親的特使時，偷偷在地上放了一把匕首，然後臉色一變說，他母親派人來刺殺他。就憑這條罪狀，他便使母親喪命。

害死母親後，尼祿又想對自己的妻子下毒手。他 15 歲時娶了繼父克勞第厄斯皇帝 13 歲的女兒奧克塔維娥為妻，但是他十分厭惡這個安詳的女孩，不久就把她放逐到一個島上，後來又命人去殺死她。此後不久，他又殺死了自己第二位妻子波比亞，原因是有一次她抱怨尼祿回家太晚。尼祿的第三個妻子是斯塔蒂麗亞，是在把她原來丈夫殺死後弄到手的。此外，尼祿還無故害死了自己的姑媽，為的是要奪取她的財產，他的這些舉動令他的家人親戚都對他畏之如虎，背地裏無不期盼他早死。

統治殘暴恐怖

尼祿不僅對家人殘忍暴虐，對羅馬的統治也異常恐怖，公元 64 年 7 月 18 日夜晚，羅馬城發生了大火。大火燒了整整一個星期，城中 14 個區有 3 個區全部燒光，7 個區嚴重毀壞。據說此次大火就是尼祿親自策劃的，因為他要燒掉舊城，以便建造自己的新宮殿。有人宣稱看見他站在高塔上穿着戲裝，面對下面的一片火海，一邊彈奏着里拉琴，一邊演唱他那關於特洛伊陷落的民謠。面對民眾的指責，尼祿誣陷基督徒縱火，並指控他們"仇視人類"。因為當時的基督徒大都是窮人、奴隸和異鄉人，迫害他們最容易得逞。而對於這些"罪犯"，尼祿施以最殘酷的手段，"有些被用獸皮蒙起來，讓群犬撕裂而死，有些則被縛在十字架上，黃昏以後點火燃燒，當作火把，照明黑夜"。尼祿此番暴行，原意是想藉此轉移人們視線，但其殘殺基督徒的行徑引起了羅馬人民的強烈反對。

後來，尼祿對周圍的人也不斷產生懷疑，他認定有一個陰謀集團在反對他。在極度瘋狂和恐懼中，他宣佈全國進入戒嚴狀態，使整個羅馬籠罩在一片恐怖氣氛中。只要他提出一個人的名字，就可以把他處死。許多元老院議員、名人和衛隊官員都被處死了。甚至他的教師和顧問森尼卡也被他命令砍下了雙手。

尼祿還時常不分青紅皂白、隨心所欲地濫殺無辜，且行為怪誕，狂耍惡作劇。他曾設計了一種遊戲：自己身披獸皮，從籠中竄出，撲向被綁在柱子上的男人或女人，亂抓亂咬他們。尼祿還曾閹割了一個名叫斯波魯斯的少男，想把他變成一個女性，並按照通常的儀式與他結婚，讓他穿戴上皇后服飾，乘馬車招搖過市，待之如妻子一般。

尼祿還十分享受在私服出訪中對市民做各種各樣的惡作劇。如，他經常毆打赴宴後回家的人，把敢於抵抗的人打成重傷，甚至把他們扔進下水道。他還打砸、搶劫商店，在宮中建立小市場，在那裏分贓和拍賣，然後把得到的錢財揮霍一空。在夜晚，他常化了裝走上街道，恣意地猥褻男子，強姦婦女，任何人如想反抗，就會被處死。

尼祿的種種荒誕殘忍之舉終於逼得羅馬人起來推翻他，元老院一致通過決議，宣佈他是羅馬公敵，並要對他執行鞭死的處罰。尼祿得知這一消息後，倉皇出逃，最後自殺身亡。臨死前，他還自歎道："一個多麼偉大的藝術家要死了。"

尼祿的反社會型人格障礙分析

根據精神病學和心理學的研究，產生反社會型人格障礙的主要原因有三條：一是遺傳即先天人格異常，如父母原本是殘忍之人；二是惡劣的成長經歷，如早年受迫害、喪父喪母或雙親離異等;三是早年不合理的家教方式,如縱容溺愛等。

尼祿的出生與成長環境包攬了這三條——基因上遺傳了父母罪惡的因子,自幼喪父,備受溺愛,並從小耳濡目染父母的罪惡行為。而比起他父母,尼祿的罪惡行為更是有過之而無不及,成為了反社會人格障礙者的代名詞。

在所有的人格障礙類型中,反社會型人格障礙是性質最為惡劣、後果最為嚴重的一種。因而它一直是心理學家、犯罪學家乃至精神病學家的關注焦點。據有關調查顯示,反社會型人格障礙者分別佔同一罪行屢犯中的 1/3 及罪行特別殘酷罪犯中的 2/3。其共同心理特徵有:情緒暴烈、行為衝動、冷酷仇視社會及他人、缺乏同感和同情心、缺乏責任感、缺乏羞愧心。此外,反社會型人格障礙還會罔顧社會道德及法律認可的行為規範,經常發生反社會言行,不能從挫折與懲罰中吸取教訓,缺乏焦慮感和罪惡感。所有這一切,都在尼祿身上都有所見證。

知識 小鏈接

反社會型人格障礙的成因

反社會型人格也稱精神病態或社會病態、悖德型人格等。根據精神病學家和心理學家研究的成果來看,產生反社會型人格的主要原因有:早年喪父喪母或雙親離異、養子、先天體質異常、惡劣的社會環境、家庭環境和不合理的社會制度的影響以及中樞神經系統發育不成熟等。一般認為,家庭破裂、兒童被父母拋棄和受到忽視、從小缺乏父母親在生活上和情感上的照顧和愛護,是反社會型人格形成和發展的主要社會因素。反社會型人格的情緒不穩定、不負責任、撒謊欺騙,但又泰然而無動於衷的行為,與家庭、社會環境有重要的關係。

1.4

拿破崙——
自戀型人格障礙

拿破崙是一個典型的自戀人格障礙者。
這使得他在為人處事時，盲目自信，為所欲為，
並完全按自我的意志行事，絲毫不顧及他人的感受。

　　拿破崙 (Napolémon Bonaparte，公元 1769—1821 年) 是
法國近代史上著名的軍事家和政治家，法蘭西共和國第一執
政、法蘭西第一帝國和百日王朝皇帝。拿破崙生於科西嘉島
阿雅克肖城破落貴族家庭。受啟蒙思想影響，參加法國革命。
1793 年，出色指揮土倫戰役，擊潰王黨軍隊。1795 年 10 月，
任法軍統帥。1799 年 11 月 9 日 (共和新曆霧月 18 日)，發
動霧月政變，成立執政府，自任第一執政。1804 年稱帝，
建立法蘭西第一帝國。統治期間採取一系列措施鞏固大革命
成果，多次粉碎反法聯盟的進攻。1812 年遠征俄國失敗，
1814 年反法聯軍攻陷巴黎，拿破崙戰敗，被流放於厄爾巴島。
1815 年重返巴黎，建立百日王朝。滑鐵盧戰役失敗後被流放
於聖赫勒拿島，直至病逝。

　　拿破崙是一位極度自信甚至達到自戀地步的人，不管在
愛情方面還是在戰爭方面，他都有種發自內心的高度自戀。
由於他的自信與卓越的軍事才能，他率領的軍隊贏得了大部
分的戰役勝利，他曾被譽為有史以來的常勝將軍。不過，他

的自負又讓他兵敗滑鐵盧，結束了他的政治生涯。最得意時，他曾説："在我的字典當中是沒有'不'字的。"但拿破崙一生的悲劇就在於説了這句話。

為甚麼説拿破崙一生的悲劇就在於説了這一句話？他與法蘭西共和國一起沉浮的人生，又反映出了他甚麼樣的心理特徵？

過度自信　挑戰命運

自信，是一種對自我形象、能力和性格的積極評價。它是個人相信自己實現既定目標的心理傾向。自信是建立在對自己正確認知基礎上的，對自己實力的正確估計和積極肯定，是自我意識的重要成分。而過分的自信就有可能形成自戀型人格，自戀型人格障礙者常毫無根據地誇大自己的成就和才幹，對權力、美貌或理想愛情有自我陶醉式的幻想，要求別人持續的注意和讚美。

以拿破崙為例，拿破崙從小就十分爭強好勝。孩童時，他時常揍比他大一歲的哥哥約瑟夫・波拿巴，卻先到母親那裏去哭鼻子告狀，使約瑟夫再受母親的一頓訓斥。有一次，小學教師把孩子們分成兩組，玩羅馬打敗迦太基人的遊戲。拿破崙起先被分在迦太基人組，但他説甚麼也不接受這個分派，因為他不甘做失敗者。他又哭又鬧，使得遊戲無法開始，直到約瑟夫（被分在羅馬人組）答應弟弟調換位置才結束了這場風波。由於拿破崙的勇猛好鬥，他父親在他十歲時就將他送到布里埃納預備軍官學校接受軍事訓練。初到軍校時，拿破崙備受歧視。由於同學們都瞧不起他，拿破崙便與他們打架，直到那些同學不敢再歧視他。

1789 年法國大革命爆發，拿破崙時任炮兵團少尉，他積極投入這場革命運動。1793 年，面對王黨分子的瘋狂反撲，拿破崙被派往參加圍攻土倫的戰役。他巧用炮兵，摧毀了敵軍的工事，表現出非凡的軍事才能與勇氣，由此不斷受到上級的提拔。他後來又奉命出征意大利和埃及，多次創造以少勝多的戰績，獲得了"常勝將軍"的美譽。就這樣，拿破崙很快從科西嘉的一個"鄉巴佬"成長為法國最受歡迎的人。在此期間，拿破崙相信自己勝過相信上帝，這為他後來的倒台埋下了伏筆。

1799 年 10 月 9 日，拿破崙率領五百精兵從埃及返回法國。他 16 日抵達巴黎，受到萬人空巷的歡迎，這愈發增強了他挑戰命運的信心。同年 11 月 9 日，拿破崙發動了霧月政變，解散了共和國的督政府，把權力交給以自己為首的三位臨時執政。在這當中，拿破崙展現了他鋼鐵般的意志和手腕。

法國大革命的成功和拿破崙的崛起，極大地震撼了歐洲各國的王室，他們視之為洪水猛獸。1800 年，英、俄、奧等國組成的第二次反法同盟與拿破崙決戰。拿破崙在政治上拉攏俄國，使其退出同盟；在軍事上出其不意，擊敗奧地利軍隊，使英國陷入孤立，最後不得不在 1802 年與法國簽訂《亞眠和約》。

這一系列勝利使拿破崙在國內的聲望升到了極點，他被推舉為法蘭西共和國終身執政。但這並不能滿足拿破崙的胃口，他的夢想是成為法國的皇帝。結果法國元老院於 1804 年 5 月 18 日正式授於拿破崙"上承天佑共和國法律制定的法國人的皇帝"稱號。1804 年 12 月 2 日，拿破崙在巴黎聖母院舉行加冕盛典，當教皇庇護七世拿起皇冠準備戴在拿破崙頭上時，他突然接過皇冠自己戴在頭上，又將另一頂皇冠戴在皇后約瑟芬頭上。拿破崙這一舉止震驚了所有與席的王公大臣。拿破崙視上帝如僕人，膽敢在加冕時自戴皇冠，打破君權神授的傳說，他的野心已極大的膨脹了。

瘋狂自戀　意欲征服歐洲

此時的拿破崙已不滿足於登上法國皇帝的寶座，他要征服歐洲，令全歐洲服從法蘭西的意志，由此他的自信越來越走向自戀。

從 1805 年到 1810 年，拿破崙利用外交和軍事手段，連續瓦解了三次反法同盟，其勢力達到頂峰，征服了歐洲多國，成為歐洲大陸的霸主。拿破崙把自己的親戚與近臣分封到這些地方去做國王大公，建立他的新歐洲秩序。到 1810 年，拿破崙不僅是法國的皇帝，又是意大利的國王，萊茵邦聯的保護者，瑞士的仲裁人，西班牙、荷蘭、那不勒斯王國、華沙大公國及其他附庸國的太上皇。

為了進一步征服歐洲，拿破崙於 1812 年 6 月率 50 萬大軍遠征俄羅斯，他堅信戰爭會在年內結束。但俄軍對拿破崙大軍採取了主動撤退，堅壁清野的策略，使拿破崙陷入了空前的困境。幾個月之後，面對俄羅斯的寒冬，加之國內政局不穩，拿破崙不得不下令撤軍，在天寒地凍、風雪交加及俄國正規軍與游擊隊不斷騷擾中，拿破崙的 50 萬大軍徹底崩潰，他只率兩萬七千殘兵敗將退回巴黎。

拿破崙征戰俄羅斯大敗而歸，敲響了他命運的喪鐘。

1813 年春，俄、英、普、奧等國組成第六次反法同盟捲土重來。雙方數次激戰，雖然法軍取得了多次勝利，但是針對拿破崙的壓力卻越來越大，同年 10 月，法軍在萊比錫戰役中被擊潰，各附庸國紛紛脫離法國獨立。1814 年 3 月 31 日，反法同盟佔領巴黎。4 月 6 日，在眾叛親離、大勢已去的情況下，拿破崙簽署了退位詔書，被流放到地中海的厄爾巴島。之後一年，他雖潛回巴黎，再登皇位，與聯軍作戰。但這不過是英雄末路之舉，只留下"滑鐵盧"的敗績。之後，他被遣送到大西洋的聖赫勒拿島，度過了餘生。

拿破崙自戀型人格障礙分析

自戀一詞在英文中為 narcissism，直譯成漢語是水仙花的意思。這來自一個淒美的古希臘神話：美少年那西斯（Narcissus）在水中看到了自己的倒影，便愛上了自己，每天茶飯不思，憔悴而死，變成了一朵花，後人稱之為水仙花。精神病學家、臨牀心理學家借用這個詞，用以描繪一個人愛上自己的現象。

拿破崙是一個典型的自戀人格障礙者。這使得他在為人處事時，盲目自信，為所欲為，並完全按自我的意志行事，絲毫不顧及他人的感受。拿破崙的瘋狂自戀使他陷入了盲目自信的泥潭，分不清夢想與現實之間的巨大鴻溝，夢想意志可以戰勝一切。曾有許多親朋好友都力勸拿破崙不要那麼自我，但他一概置之不理，甚至不惜與之決裂。

表 5 自戀型人格障礙定義

	定義	行為表現
自戀型人格障礙	一種由強烈的自我中心意識而產生的人格障礙。	強烈的自我重要感，高估自我的能力，缺乏同感，自我中心，為所欲為。

拿破崙成也自信，敗也自信。他用自己一生的興衰告訴人們：過分的自信可以導致自戀。而自戀會使人貪婪得不知天高地厚。拿破崙是一個被自信慣壞了的孩子，他不明白成功可以使人變得自信，也可以使人變得自負，眾望所歸隨時都可能變成眾矢之的。所以，對於自己的屢屢得手，拿破崙沒有絲毫的危機意識，有的只是衝擊意識。其結果，他戰勝他人的次數越多，輸給自我的機會就越大。拿破崙雖曾建立過赫赫的戰功，可他在歷史的最後記憶，卻是"滑鐵盧"敗績。

表 6 拿破崙的自戀名言

在我的字典當中是沒有"不"字的。

命運是個女人。她給我做的事越多，我對她的要求也就越大。

我不知道有甚麼極限，只嚮往一個世界帝國，世界要求我來統治它。

巴黎將成為世界的首都，法國人也將成為萬國妒羨的對象。

我的原則是法國第一，決不允許讓一個天生要成為太陽的國家墮落成為一個衛星。

我不能以一個被侮辱者的姿態出現在我的人民面前。我必須仍然是偉大的，光榮的！

知識 小鏈接

自戀型人格障礙的表現

　　根據中國精神障礙診斷與分類標準，自戀型人格障礙的主要特徵有：誇大（幻想或行為）、需要他人讚揚、並缺乏同感。起自早期成年時，前後過程多種多樣，表現為下列 5 項以上：

1. 具有自我重要的誇大感（例：過分誇大成就和才能，在沒有相應的成就時卻盼望被認為是上乘）；
2. 沉湎於無限成功、權力、光輝、美麗，或理想愛情的幻想；
3. 認為自己是 "特殊" 的和獨一無二的，只能被其他特殊的或高地位人們所了解或共事；
4. 要求過分的讚揚；
5. 有一種榮譽感，即不合理地期望特殊的優厚待遇或自動順從他的期望；
6. 在人際關係上是剝削（佔便宜），即為了達到自己的目的而佔有他人的利益；
7. 缺乏同感：不願設身處地地認識或認同他人的感情和需求；
8. 往往妒忌他人，或認為他人都在妒忌自己；
9. 顯示驕傲、傲慢的行為或態度。

1.5 希特勒——
攻擊型人格障礙

夢碎維也納，使希特勒由追求藝術夢想
而轉變為尋求政治抱負，可悲的是，他的政治抱負
給一個民族、一個國家乃至一個時代都帶來了巨大的災難！

　　希特勒（Adolf Hitler，公元 1889—1945 年），生於奧地利的布勞瑙，卒於柏林。是德國國家社會主義工人黨（納粹黨）的總裁和德意志第三帝國的元首。被公認為是二戰的發動者與罪魁禍首，人類史上最大的戰爭魔王。他發動的第二次世界大戰，導致 61 個國家被捲入，20 億人參戰，5700 萬人死亡。他在政治上好走極端，主張雅利安民族優越無比，並頑固地反社會主義、反猶太主義；他曾想獨霸世界，卻最終自掘墳墓；他生前耀武揚威，到頭來畏罪自殺。在戰爭魔王的另一面，早年希特勒的夢想卻是成為一名畫家，他在繪畫方面具有天賦，曾兩次報考維也納美術學院卻均告失敗。藝術夢想無法實現，希特勒轉而去尋求政治抱負，走上了另一條人生道路。然而，他的政治抱負卻給一個民族，一個國家乃至一個時代都帶來了巨大的災難！

　　甚麼是希特勒的政治抱負？他為甚麼要殘忍地實行種族滅絕政策，瘋狂屠殺猶太人？是甚麼樣的心理因素促使希特勒走上妄想獨霸世界的道路？

藝術夢想的破滅

人們大多只知道希特勒是個瘋狂的戰爭強人，而不知道他還會畫畫。年輕的時候，希特勒的夢想是成為"素描畫家和水彩畫家"。他的美術功底不錯，崇尚古典風格，他在中學時期的課業成績，只有繪畫一門是"優"。後來他立志研究"博大精深的德國藝術"，並曾經為藝術創作而備受煎熬。可惜，歷史給他開了一個天大的玩笑，19歲時，他報考維也納美術學院落榜了。入學考試成績評語是："繪畫成績不夠滿意"。希特勒對此一直耿耿於懷，認為美術學院沒有錄取他"世界肯定蒙受了重大損失"。

在當時，整個歐洲流行抽象派的藝術風格，而希特勒的藝術口味卻相當保守。對於藝術越來越抽象化的傾向，希特勒極其反感，為此還專門發明了一個詞："黑鬼化"的藝術，矛頭直指西班牙畫家畢加索，並呼籲藝術界以希臘、羅馬為準則，進行第二次古典文藝復興。希特勒的繪畫風格，也因此清晰地體現出他的傳統和保守。例如，希特勒總愛把天空畫成充滿生氣，甚至是激怒暴動的，但同時又很少選用多元的顏色去表現，他作品的色彩大多暗啞和傳統。另一方面，希特勒在畫建築的時候透視感非常好，他可以很細緻的表現建築，可是描繪人和動物就非常糟糕了，身體比例失調、關節部位僵硬，既不符合解剖學原理也沒有生氣，背景也有一些失真。這就是希特勒報考維也納美術學院名落孫山的主要原因。

隨後，希特勒也沒有能被建築師學校錄取，因為他中學沒有畢業，不符合該校招生條件。儘管如此，希特勒仍留在維也納直到 1913 年。他沒有職業或就職目標，在用完他繼承的遺產和領到的孤兒補助金之後，希特勒正式成為維也納街頭的一個流浪漢，住在貧民窟內，過着飽一餐飢一餐的日子。他後來回憶說：「那時我除了一身黑大衣和飢餓是忠實朋友外，甚麼都沒有。」為了謀生，希特勒曾到鐵路行李房扛包裹，也曾在街道給人畫像，還曾在下雪天掃馬路，實在沒有活幹，就到粥棚去蹭粥喝。此外，希特勒還利用這段時間毫無系統地閱讀了大量的書籍，他通過閱讀這些書籍獲得了不完全的教育。

這段淒涼的生活經歷深深地影響了希特勒的一生，不但使他變得更加刻薄冷酷，也使他變得極端偏執。如主張雅利安民族優越無比，並頑固地反社會主義、反猶太主義等。同時，藝術夢想的破滅，使他發現自己的才能應該在政治上。「1918 年 11 月 9 日，我已下決心做個政治家！」（希特勒《我的奮鬥》）。

充滿復仇情結

在心理學上，情結是由一系列被壓抑的無意識思想、感情、知覺、記憶等組成的意念傾向。它會在潛移默化中影響一個人的思維和情感方式，使人形成特殊的偏見或偏好。

縱觀希特勒的一生，他是一個充滿復仇情結的人。希特勒因策動「啤酒館暴動」而被捕入獄，他在獄中寫下了臭名昭著的《我的奮鬥》一書，其核心思想就是復仇與擴張。所謂復仇，就是再次與法國開戰，從根本上解決德國與法國的領土糾紛，並提高德國的國家地位；所謂擴張，就是佔領東歐的領土，用德國的劍為德國的犁取得土地，為德國人民取得每天的麵包。他還狂言，當不能用和平的手段解決時，就用拳頭來說話。希特勒還是一個極端的種族主義者和反猶主義者。他在《我的奮鬥》中寫道："雅利安人的最大對立面就是猶太人"。他把猶太人看作是世界的敵人，一切邪惡事物的根源，一切災禍的根子，人類生活秩序的破壞者。這些觀點成了希特勒屠殺數百萬猶太人，企圖滅絕猶太人的理論依據。

希特勒上台之後，完全執行了其納粹理念，撕毀了《凡爾賽和約》對德國軍力的限制，瘋狂地擴軍備戰。1939 年 9 月，德軍突襲波蘭，由此拉開第二次世界大戰的序幕。佔領波蘭後，希特勒把德國、波蘭等國的猶太人都押送至集中營，然後進行慘無人道的殺戮。1939 年"二戰"爆發時，歐洲共有猶太人 920 萬人，到了 1945 年戰爭結束時，僅剩下 310 萬；同樣，"二戰"爆發時，德國有猶太人 20 萬，可到 1945 年 5 月，只剩 12000 人。

希特勒的復仇情結完全背離了人性。這不僅體現在殘害猶太人上，也體現在殘害戰俘上。按照國際法，軍人一旦在戰場被俘，是不得被虐待的。但是，希特勒根本不顧這一套。他曾下令：蘇聯軍隊中的政治委員一旦被俘後，一律槍斃。所以在"二戰"中，蘇聯紅軍的政工幹部一旦被俘極少能生還，除非他隱蔽自己的身份。希特勒還曾下令：盟軍的飛行員俘獲後也一律槍斃。他的手下認為槍殺戰俘不妥。希特勒回答："見他的鬼！如果我不體恤俘虜，不考慮戰俘的權利，那麼敵人在戰場前就會好好地想一想了。"據說，希特勒還曾下令，如果德軍拿下莫斯科，將徹底予以毀滅，以報其不投降之仇。

　　希特勒的復仇情結使他對國人也十分冷酷。如，1945 年開春以來，德軍的處境越來越不妙。3 月 19 日，希特勒下令摧毀"德國國內軍事、交通、通訊、工業和供應設施⋯⋯"。當被要求執行命令的施佩爾提出異議時，希特勒高喊："如果戰爭打輸了，人民也就完了。⋯⋯這場戰爭結束之後，剩下來的反正只是劣等人，因為優秀分子已經陣亡了。"4 月 12 日，希特勒又下令，將所有放棄重要陣地的德軍指揮官處死。總之，希特勒的復仇情結使他做出了許許多多令人髮指的事情，成為一個地地道道的惡魔。

希特勒攻擊型人格障礙分析

　　從心理學上講，希特勒是一個嚴重的攻擊型人格障礙者。攻擊型人格障礙是一種以行為和情緒具有明顯衝動性為主要特徵的人格障礙。這類人情緒急躁易怒，存在無法自控的衝動和驅動力，行為上常表現出盲目的向外攻擊性。他們的行動反覆無常，行動之前有強烈的緊張感，行動之後體驗到愉快、滿足或放鬆，無真正的悔恨或罪惡感。由此，希特勒做事極端蠻橫而不計後果。

　　例如，希特勒在 1939 年 8 月與蘇聯簽訂《蘇德互不侵犯條約》，為的是避免兩線作戰。但當他在西線作戰尚未徹底勝利時，就立即著手進攻蘇聯，並很快陷入了兩線作戰的困境。當時德軍高層對此問題認識十分清楚，力勸希特勒緩攻蘇聯。但希特勒固執己見，他狂言："我相信，俄國人在民族社會主義理念精神鼓舞下的德國士兵面前不堪一擊。"對此，德軍統帥部無可奈何，唯有執行。再如，1941 年 12 月 5

日，蘇軍向莫斯科城外的德軍發起總攻，在蘇軍強大的攻勢下，德軍傷亡很大。此時中央集團軍群司令博克元帥請求後撤，儘管後退會有利於部隊補給，但是希特勒堅決不准。由於希特勒堅持己見，德軍在蘇軍的反擊中毫無必要地傷亡了50多萬人，最後還是後退了100—150公里。對此，希特勒沒有絲毫的反省。

具有諷刺意義的是，希特勒的某些盲目武斷的決策曾一度給他贏得了輝煌，使人們錯把他當作是軍事天才。"二戰"初期，希特勒堅持打破常規做法，以"閃電戰"的方法大膽襲取波蘭、比利時及法國等國，令德軍統帥部的將領們對他刮目相看。在蘇聯戰役初期，希特勒也以其極端的偏執，贏得了某些戰場的主動。但沒多久，大家就都發現，希特勒完全就是一個瘋子，一切唯意志論，根本不考慮現實，令人無法忍受。德軍元帥古德里安後來在回憶錄中曾痛苦地寫到："元首這是在動員全世界力量打敗我們自己。"德軍元帥鮑洛斯後來也在回憶錄中寫到："為希特勒做事，毫無成就感可言！"

希特勒的中學老師休曼曾說："希特勒肯定有某些天資，但是他缺乏自制力。說得客氣一點，他好強辯，剛愎自用，脾氣暴躁，自以為是，不遵守課堂紀律，學習又不用功。"希特勒從小就是一個妄想成性的人，做事我行我素，隨心所欲，頗具藝術家氣質。而心理學的研究表明，一個人處在精神亢奮的狀態下可能會產生高度的突發奇想，據說梵高的不少藝術傑作都是在這種狀態下完成的。希特勒在情緒高漲時，也是靈感迸發，作畫甚具原創性。可惜夢碎維也納，使希特勒由追求藝術夢想而轉變為尋求政治抱負，走上了另一條人生道路。可悲的是，他的政治抱負給了一個民族，一個國家乃至一個時代都帶來了巨大的災難！反之，如果希特勒當初圓了藝術夢，進入了維也納美術學院，並成為一個職業畫家，那麼他是否會將對人生的所有愛與恨都發泄在藝術創作上，成為第二個梵高呢？這，既是希特勒個人的懸念，也是世界歷史的悲哀！

知識 小鏈接

攻擊型人格障礙的分型

攻擊型人格障礙分為主動攻擊型與被動攻擊型兩類。主動攻擊型人格障礙主要呈現為較為持久的攻擊言行，缺乏自控能力，以對他人攻擊衝動，其攻擊性行為是外向的。被動攻擊型人格，其主要特徵是以被動的方式表現其強烈的攻擊傾向，這類人外表表現得被動和服從、百依百順，內心卻充滿敵意和攻擊性。他們的仇視情感與攻擊傾向十分強烈，但又不敢直接表露於外，他們雖然牢騷滿腹，但心裏又很依賴權威。

第二章

認知障礙

　　認知（Cognition）是人腦反映客觀事物的特性與聯繫，並揭露事物對人的意義與作用的心理活動，包括對事物的注意、辨別、理解、思考等等。

　　認知障礙通常影響到兩個方面，即一個人對於自己的評價和其對社會的認識。一個人在自我意識完善過程中，有時不能客觀地認識和評價自我，就會出現自我認知障礙。而在認知過程中，個體的某些偏見影響認知的準確性，使認知發生偏差，就會出現社會認知障礙。

2.1 諸葛亮——
雲長—文長移情

諸葛亮打壓魏文長，
其實也是在打壓關雲長當初的自傲氣焰。
魏延這一生，真是成也雲長，敗也雲長！

諸葛亮（公元 181—234 年），字孔明，東漢琅琊（今山東省沂水縣）人。少年時父母雙亡，隨叔父避亂荊州，隱居於南陽隆中，人稱"臥龍"。劉備屯兵新野時，徐庶為幕僚，向劉推薦諸葛亮。劉備三顧茅廬，諸葛亮才與相見，並提出了著名的《隆中對》，深得劉備的讚賞，自此成為劉備主要輔佐。後助劉備敗曹操於赤壁，佐定益州，使蜀漢與魏、吳成鼎足之勢。章武三年（223）春，劉備在永安病危，召諸葛亮囑託後事。後主劉禪即位，諸葛亮任丞相，總理國家大事。建興十二年八月（234），諸葛亮卒於北伐前線，時年五十四歲。

魏延字文長，《三國演義》中他只是個配角，但在正史《三國誌》中，他歷任牙門將軍、鎮遠將軍、鎮北將軍、都亭侯、涼州刺史，一路做到前軍師、征西大將軍、南鄭侯。最後以謀反的罪名被誅。他跌宕起伏的一生，絕對算得上濃墨重彩的一筆。而魏延謀反案，更被稱為"諸葛亮時代"三大疑案之一。眾多三國史愛好者或認為是諸葛亮設計殺之，或認為是楊儀等人假借丞相遺命搞黨派鬥爭。其實爭議的焦點，就是諸葛亮要不要為魏延之死負責。從史料出發來分析當事人的心理，可以發現，諸葛亮對魏延的確大有偏見。而二人個性上的衝突，也足以促使偏見不斷被強化而成為殺機。因此，設計殺魏延一說是可以獲得心理分析的支持的。

所謂偏見，就是說實際的魏延並不像諸葛亮心目中那麼不堪。那麼魏延究竟是怎樣一個人呢？諸葛亮對他的偏見又從何而來呢？

魏延的跌宕人生

首先說，魏延確實是個有勇有謀的人才。一方面，魏延勇猛過人，他馳騁沙場，所向披靡，可以稱之為善戰無敵。據《三國誌‧魏延傳》記載，劉備委派魏延鎮守戰略要地漢中時曾經問他：「今委卿以重任，卿居之欲云何？」魏延答道：「若曹操舉天下而來，請為大王拒之；偏將十萬之眾至，請為大王吞之。」劉備對這樣豪情滿懷的回答非常滿意，眾人聽了也覺得士氣高漲。另一方面，魏延無論在戰術還是戰略上都很有見地。他鎮守漢中期間，「皆實兵諸圍以禦外敵，敵若來攻，使不得入。及興勢之役，王平捍拒曹爽，皆承其制。」（《三國誌‧姜維傳》）漢中地區因而獲得了長期的安定。他跟隨諸葛亮期間，屢屢建言獻策：「延每隨亮出，輒欲請兵萬人，與亮異道會於潼關，如韓信故事。」（《三國誌‧魏延傳》）最為後人津津樂道的一計，是在諸葛亮北伐中，魏延提出的「子午谷奇謀」。

再說魏延是個赤膽忠心的臣子，也是有據可查的。《三國誌‧魏延傳》說「魏延……以部曲隨先主入蜀」，因其「數有戰功，遷牙門將軍"。所謂"部曲"，乃指豪強地主的私人武裝。魏延以部曲身份隨劉備入川，其地位雖然不高，但卻是劉備軍中的嫡系，而絕非《三國演義》中那個先棄劉表，後殺韓玄，獻長沙投劉備的"背主"降將。劉備做了漢中王之後，對魏延更是寵信有加。當時要選一位大將鎮守漢中，大家都以為非三將軍張飛莫屬，連張飛自己都這麼認為。然而出乎所有人意料的是，劉備把這個任務交給了魏延"拔延為督漢中鎮遠將軍，領漢中太守"。劉備與張飛的關係可是"寢則同牀"的鐵兄弟啊！由此可見劉備對於魏延的信任程度非同一般。

魏延早年追隨劉備，出生入死，後來效力於諸葛亮，南征北戰。在討賊興漢這件事上，恐怕沒有誰敢説比魏延更堅決。諸葛亮歷次北伐，首先要求做先鋒的總是魏延。在他聽到諸葛亮死訊之時，還堅稱"丞相雖亡，吾自見在。……吾自當率諸軍擊賊，云何以一人死廢天下之事邪？"

魏延雖勇猛忠誠，但素與楊儀等人不和。"延……勇猛過人，又性矜高，當時皆避下之。唯楊儀不假借延，延以為至忿，有如水火。"諸葛亮死後，魏延曾説："且魏延何人，當為楊儀所部勒，作斷後將乎？"由此可見，"魏延謀反"一事背後存在很多疑點。陳壽就指出："原延意不北降魏而南還者，但欲除殺儀等。平日諸將素不同，冀時論必當以代亮。本指如此，不便背叛。"在我看來，魏延不聽號令，獨自領兵南歸併燒燬棧道，造成蜀國內亂是不爭的事實（當時，後主已派蔣琬率軍北上，準備迎擊魏延了）。用心理學的話説，一個有勇有謀的愛國將領，做出亂國之舉，是一種情緒化的非理性行為。而魏延的不良情緒，多半是由諸葛亮對他的貶用和壓制導致的。

魏延真正春風得意的時期是劉備在世之時，而到了"諸葛亮時代"，他表面上仍然拜將封侯，可是從實權上一直受到諸葛亮的限制和打壓。位高權不重，這種狀態無疑讓人非常鬱悶。據《三國誌》記載："建興六年，亮出軍向祁山，時有宿將魏延、吳壹等，論者皆言以為宜令為先鋒，而亮違眾拔（馬）謖。"就是說，魏延在關鍵戰役中遭到諸葛亮的閑置。其實在歷次北伐中，魏延的勇略足以獨當一面。但是諸葛亮最多命他做個先鋒，而且"延每隨亮出，輒欲請兵萬……亮制而不許。"作為一個將軍，連獨自領兵的權利都沒有，不能不讓人感覺諸葛亮對於魏延的控制有些過於嚴格。我們可以用換位思考的方式感受一下，自視甚高的魏延，能力得不到表現和發揮，內心是多麼的煎熬。

諸葛亮對魏延的排擠，在他安排後事的時候尤為明顯"秋，亮病困，密與長史楊儀、司馬費禕、護軍姜維等作身歿之後退軍節度，令延斷後，姜維次之；若延或不從命，軍使自發。"（《三國誌・魏延傳》）主帥病危，密謀退軍，長史、司馬、護軍都到了，而任前軍師、征西大將軍、假節、領漢中太守、南鄭侯的魏延，職位僅次於諸葛亮，卻被排除在外，無疑是諸葛亮有意而為之。

諸葛亮為甚麼要一而再、再而三地壓制、排擠魏延呢？我認為有兩個方面：一是性格衝突，二是移情因素。

諸葛亮與魏延的性格衝突

談到諸葛亮和魏延，就不得不提到魏延的"子午谷奇謀"。《三國誌・魏延傳》註引《魏略》："聞夏侯楙（時鎮長安）少，主婿也，怯而無謀。今假延精兵五千，負糧五千，直從褒中出，循秦嶺而東，當子午而北，不過十日可到長安。楙聞延奄至，必乘船逃走。長安中唯有御史、京兆太守耳，橫門邸閣與散民之谷足周食也。比東方相合聚，尚二十許日，而公從斜谷來，必足以達。如此，則一舉而咸陽以西可定矣。"

當時北出漢中越秦嶺入關中有四條道路，即褒斜道、儻駱道、故道和子午道。子午道最為險遠，但魏軍在此設防鬆散，可以出其不意直抵長安。魏延建議諸葛亮親率大軍出褒斜道，自己率五千奇兵出子午谷偷襲長安。"亮以為此懸危，不如安從坦道，可以平取隴右，十全必克而無虞，故不用延計。"但後世眾多有識之士都為魏延鳴不平，宋人陳造斷言："向令魏延之策見用，長安或為亮有。"也有不少學者認為諸葛亮的擔心很有道理。我們不妨羅列一下二人的理由作個對比（見表7）。

這個軍事史學上的問題已經爭論日久，我並不想再加妄斷。我所關注的是諸葛亮和魏延迥異的觀點所體現出的性格差異。

諸葛亮對武將的顧忌跟其謹慎的性格有關。對於謹慎這一點，諸葛亮自己也從不否認，而且他知道，劉備之所以對他那麼放心，就是因為謹慎。正如他在《出師表》說的："先帝知臣謹慎，故臨崩寄臣以大事也。"以這樣的性格，當然不喜歡鋒芒畢露的魏延。魏延那些激進的策略就算再高明，也注定得不到諸葛亮的賞識。而魏延恃才傲物的個性促使矛盾激化，令雙方針鋒相對。他越是受到諸葛亮的質疑，就越

表 7　魏延與諸葛亮理由對比表

魏延	諸葛亮
藝高人膽大，親率精兵，勢如破竹。	子午谷道路險狹，易守難攻，不宜冒進。
夏侯楙一定會棄城而逃。	夏侯楙未必會棄城而逃。
攻下長安可守二十多天，足夠大部隊趕來。	就算攻下長安，也未必守得住，守住二十日也未必等得到大部隊。
以寡敵眾，應當出奇制勝。	以寡敵眾，當步步為營，避免不必要的損失。

要自我表現。於是，魏延"常謂亮為怯，歎恨己才用之不盡。"諸葛亮此時在蜀國大權獨攬，加之他凡事苛求完美，當然容不得有人對他治國治軍的思想體系妄加質疑。

　　當然，諸葛亮雖然追求完美，苛求既定方針的貫徹。但是他也並不是一個剛愎自用，不聽勸諫的人。文臣武將眾多，難說個個都能脾氣相投，那麼為何單單魏延屢遭打壓以致二人嫌隙頗深呢？這裏我們就要提到一個概念，叫做"雲長—文長移情"。

諸葛亮的雲長 — 文長移情分析

　　魏延悲劇的核心，是他自己也萬萬料想不到的。因此直到被斬殺，他都為自己命運的大起大落而迷惑和憤懣。而透過心理學的分析，我們發現，魏延的命運其實已經因為一個非常重要的人物而提前定調了。這個人就是三國時期大名鼎鼎的關羽。魏延實在和關羽太像了！這先後引發了劉備和諸葛亮對於他的"雲長—文長移情"。我們可以通過下表比較一下這兩個人：

表 8　關羽與魏延對比表

	關羽	魏延
字	雲長	文長
外貌	面如重棗，丹鳳眼，臥蠶眉。（《三國演義》）	身長九尺，面如重棗，目若朗星。（《三國演義》）
兵器	青龍偃月刀	大刀
個性	羽善待卒伍而驕於士大夫。（《三國誌・關羽傳》）	善養士卒，勇猛過人，又性矜高，當時皆避下之。（《三國誌・魏延傳》）

在心理學中，移情是指將個人對生命中某個重要人物、事件或環境的愛與恨投射到他人他事的心理表現。主要表現為：無緣無故地喜愛或仇視某個人物、事件、地點、東西或環境等。劉備寵信魏延，是正向移情的表現，而諸葛亮反感魏延，則是一種反向移情的表現了。

劉備與關羽"寢則同牀，恩若兄弟"（《三國誌・關羽傳》），感情之深不必贅言。較之張飛，關羽不但武藝超群，膽識過人，而且行事頗穩重，有謀略，因此更為劉備所倚重。魏延出身於劉備的嫡系部隊，憑藉出眾的能力屢立戰功。到劉備漢中稱王的時候，甚至撇開三弟張飛而提拔魏延做鎮遠將軍。可見劉備對魏延喜愛之深，已經同對待關羽無異。

而諸葛亮同關羽的關係可就不那麼愉快了。諸葛亮出山輔佐劉備，就注定是劉備和其兄弟之間的"第四者"。諸葛亮要輔佐劉備走自己設計的復國路線，就要讓自己成為劉備最信任的人。但是爭寵他是一定爭不過劉備的結拜兄弟的。因此對於關羽，諸葛亮的態度一直比較謹慎隱忍，偶爾還拍拍馬屁。關羽做襄陽太守之時，馬超來降，關羽寫信給諸葛亮詢問馬超其人。諸葛亮回信說："當與翼德並驅爭先，猶未及髯之絕倫逸群也。"（《三國誌·關羽傳》）很顯然這話說得假惺惺，但是關羽本性高傲，剛愎自負，看到諸葛亮這樣低姿態，就故意將書信傳視眾人，炫耀一番。諸葛亮平生辦事以謹慎為本，最忌諱見那種口出妄言之人。關羽貴為主公二弟，是名震華夏的大將，諸葛亮不得不敬他三分。最終導致關羽誤了大事，丟了荊州。

諸葛亮死不瞑目之事就是未能克復中原，而克復中原未成的根源之一在於關羽失荊州所產生的連鎖反應，所以諸葛亮對關雲長有一股說不出的失望感。關雲長不貫徹諸葛亮之"東和孫權"的策略，使之腹背受敵，失了荊州，使劉備、諸葛亮克復中原、匡扶漢室之大計受挫。而導致關羽兵敗身亡的幾場戰役的部署上，號稱神機妙算的諸葛亮都不曾出手相助。關羽死後，劉備哭倒在地，諸葛亮卻說"主上少憂，自古道'死生有命'，關公平日剛而自矜，故今日有此禍。……”為此，史學界對於諸葛亮的作為頗有微詞。而我們從心理學角度分析，這場將相之爭帶來的壓抑情緒，諸葛亮也是忍了好久無從宣泄了。

巧在蜀營中有個魏文長，從相貌到性格都極似雲長。加上文、雲二字在古漢語中發音亦很相近，所以喊文長很容易使人想起雲長。而魏文長是後來之人，諸葛亮斷無敬他之理。所以諸葛亮有機會就打壓魏文長的氣焰，潛意識中是在宣泄對關文長的怨恨。雲長人之已死，不可追究，可文長說話辦事有如雲長復生，能不使諸葛亮心生厭惡感嗎？特別是諸葛亮每每出川，都要遠涉祁山月餘才能抵達渭水一帶，而如荊州不失，蜀軍由水道出川，不過十數日。可文長又偏偏不識相，屢屢提出要孤軍奮入，且不談其勝算把握如何，就是糧草供給也難保障，這豈不又是關公當初動不動言以五百小校而取大城池之狂妄嗎？想到這裏，諸葛亮能不煩惱？關雲長大意失荊州在先，魏文長欲輕進長安在後，諸葛亮怎能不防？

諸葛亮之“雲長—文長移情”就是這般形成的，其天長日久必然對魏延產生一股說不出的厭惡感來。所以，諸葛亮打壓魏文長，其實也是在打壓關雲長當初的自傲氣焰。諸葛亮明知蜀軍除了自己當數魏延最有智謀，卻在臨死故意舉魏延的對頭楊儀做主帥，這分明是在逼魏延造反。縱觀諸葛亮對於魏延的一系列不公平對待，回溯到其與關雲長之間的矛盾，我們對於諸葛亮的移情表現是深有體會了。魏延這一生，真是成也雲長，敗也雲長啊！

知識 小鏈接

正向移情、負向移情與反移情

弗洛伊德（Sigmund Freud）是第一個發現移情現象並將它運用到精神分析與心理治療的人。他將移情定義為"患者在分析師身上看到了他童年和過去的某個重要人物的復活，因此把適用於這一模式的情感和反應轉移到分析師身上。"正向移情與負向移情是互相對應的概念，描述的是移情的內容性質。正向移情是指來訪者將諮詢者視為以往某個給其快樂、幸福或好感的對象，對諮詢者投射了正面的情感。負向移情是指來訪者將諮詢者視為過去某個給其帶來挫折、痛苦或壓抑的對象，對諮詢者投射了負面的情感。反移情則是與移情相對的概念，指的是諮詢關係中，諮詢者對來訪者的移情。

2.2 李鴻章——
定勢思維導致誤國心結

李鴻章的心誤一在於對洋人講"誠"，對強盜講良心；
二在於他對昏主講"忠"，可謂是徹頭徹尾的愚忠。

李鴻章（公元 1823—1901 年），字子黻、漸甫，號少荃、儀叟。安徽合肥人，是中國近代史的核心人物之一。道光二十七年（1847）李鴻章中進士，曾受業曾國藩門下，講求經世之學。早年投筆從戎，屢建奇功；中年出任封疆大吏，推動洋務運動；晚年入值中樞，主持外交，活躍在晚清政壇長達 40 年之久，超過了清朝立國以來任何一位首輔人物。李鴻章雖有寵於朝廷，卻有愧於國家，一生連簽賣國條約，生前身後均遭世人唾棄。梁啟超在《李鴻章傳》中曾寫道："敬李鴻章之才，惜李鴻章之識，悲李鴻章之遇。"以中國當時的國勢，"內治不修，則外交實無可辯之理。雖才十倍於李鴻章者，其對外之策，固不得不隱忍遷就於一時也。""吾欲以兩言論之，曰：不學無術、不敢破格，是其所短也；不避勞苦、不畏謗言，是其所長也。"

無論後人評價如何，不可否認的是，李鴻章是晚清政壇最善於與洋人打交道的人，掌握了一套頗為嫻熟的外交手腕。但同時，他的很多外交決策也屢遭時人詬病，被認為賣國誤民。李鴻章何以能忍受種種屈辱而完成自認為有意義的使命？這裏面，是怎樣的心理動因支持着他的行動呢？

李鴻章的心誤之一：對洋人講誠

李鴻章早年也是鐵血男兒，敢愛敢恨，敢作敢為。例如，他曾因為恩師曾國藩待友李元度不公而毅然脫離曾府，也曾因常勝軍統領戈登（英國人）不服管治而力除其軍權。面對列強對中國的欺辱，李鴻章早在 1865 年就在給朱九香的書信中疾呼：“外國猖獗到這種地步，吾輩如果不迅速求富求強，那麼中國將何以自立！”

李鴻章之所以後來越活越窩囊，在很大程度上是因為他誤信了曾國藩的一席話。一次，曾國藩問李鴻章怎樣與洋人交涉，李回答不管洋人說甚麼，只同他打“痞子腔”（就是說虛誇大言，先聲奪人的意思）。曾沉默了很久說：“依我看來，還是在於一個‘誠’字。誠能打動人，洋人也是人，只要以誠相待，也一定會受感化的。”李鴻章聽後頓表虛心接受，並此後與洋人交往無不“誠”字當先。例如，李鴻章在任北洋大臣時，一位德國海軍將領到訪天津，邀請李鴻章參觀他的軍艦，李欣然同意。不巧參觀那天颳大風，航行不便，那位將領就建議取消此次約會。不料李鴻章為顯誠意，毅然攜帶一名翻譯登上小艇到達德艦，令那位德國將領激動萬分，對李鴻章說：“中堂真乃守信之人，如此堅毅，實在是可敬可佩！”李鴻章的種種誠信表現曾獲得外國列強的廣泛讚揚，他們一致視李鴻章為與大清談判的唯一對手。美國總統格蘭特對李鴻章更是惺惺相惜，讚其為遠東第一名相。

李鴻章自從唸上了曾國藩的“誠字經”後，便一味強調對洋人講誠信，卻不力求洋人對他講誠信，這是他最大的心誤。從心理學角度講，李鴻章的心誤是定勢思維的典型惡果。所謂定勢思維，就是指個人十分明顯的認知、判斷導向。它會使人看問題十分狹隘、偏面，不惜否認或曲解事實來自我辯解。思維定勢還會使人思想僵化，偏聽偏信，甚至是自欺欺人。

李鴻章的心誤之二：對昏主講忠

李鴻章在主持晚清外交的 20 多年中，凡事以妥協為宗旨，公開聲稱："辦理洋務，以了事為要義。"例如，在處理 1875 年至 1876 年的"馬嘉理事件"中，李鴻章明知英國在整個事件中不僅有違兩國條約，也有悖萬國公法，卻為了"了事"而曲與周旋，簽訂了《煙台條約》，滿足了英國 10 多年來擴大侵略權益的要求。在處理 1885 年的中法衝突時，李鴻章又不顧中國軍隊在越南大敗法軍的事實，一味妥協求和，甘心出賣國家利益，簽訂了《中法新約》，使中國雖勝猶敗。而在 1895 年簽訂的《馬關條約》，李鴻章更是使中國盡失顏面，丟了台灣不算，還賠給日本兩億多兩白銀。

對於李鴻章的綏靖政策，許多人都堅決反對過，這當中有他的政敵（如左宗棠）、下屬（如劉銘傳）和朋友（如曾紀澤）。特別是曾紀澤，他是曾國藩的長子，一個堅定的愛國者。他在 1880 年出使法、俄，堅決抵抗外國列強對中國的欺壓。在 1885 年的中法戰爭中，他也堅決主張抵抗法國侵略，後來竟因此被撤去駐法公使職務。1886 年回國後，他又遭李鴻章的排擠，最後抑鬱而終。對於朝野的批評，李鴻章一向是既不退縮，也不辯駁，一切我行我素，因為他認定這都是必要的妥協；因為他認定這一切，都是為了順從慈禧的意思。

就心理學而言，李鴻章能夠一意孤行，是其合理化機制（rationalization）的作用。合理化機制泛指個人對不合實際或不符個人理念的事物加以歪曲，以去除焦慮，獲得內心平靜的手段。李鴻章的合理化機制突出表現為竭力迎奉慈禧太后的旨意，雖萬死而不辭。只要是慈禧認可的事情，李鴻章就是再被辱罵，再被誤解，也心安理得。這既是他合理化機制的根源，也是他心理素質之所在。由此，他與慈禧太后的關係遠遠超越了恭親王、左宗棠、張之洞等人，卻也為此付出了慘重的代價。因為慈禧太后並非一代英主，她為滿足私慾而再三擾亂晚清的政局。李鴻章事事迎奉慈禧太后，既成就了他，也毀滅了他！

對李鴻章誤國心結的分析

李鴻章的心誤一在於對騙子講"誠"字，對強盜講良心，如此與虎謀皮，何以真正做到"外敦和好"？二在於他對昏主講"忠"字，可謂是徹頭徹尾的愚忠。在這一錯誤認知的引導下，李鴻章在誤國誤民的道路上越走越遠，形成了強烈的心理定勢，由"擇善固執"變成了一意孤行，其結果只能如《孟子‧盡心上》所言："所惡執一者，為其賊道也，舉一而廢百也。"

李鴻章之惡執不悟，給晚清的中國外交帶來了一系列災難性的結果。反之，如果李鴻章能夠聽取各方面的意見，以"從善如流"來確保"擇善固執"，他就有可能像林則徐、左宗棠、丘逢甲等人那樣敢於向洋人說"不"，在列強環伺的局勢下，為中國避免重大的損失，爭取到最佳的外交解決方案，並由此成為一名真正的愛國者。

知識 小鏈接

甚麼是心理定勢

　　心理定勢是人們從事某項活動時的一種預先準備的狀態。它能影響後繼心理活動的趨勢、程度、方式，其中包括知覺定勢、思維定勢、觀念定勢、情感定勢、意向定勢等。定勢實際上是人們從事某項活動時的一種心理背景，主要表現為態度的效用，國外許多社會心理學家是把態度作為定勢的同義語來看待的。

　　在決策活動中，決策者已有的心理定勢既有積極效用，也有消極效用。積極方面在於，已有定勢能幫助決策者減少決策程序，迅速地做出決策；消極效用則在於容易使決策者的心理活動特別是思維固着嵌塞，缺乏變通。

2.3 袁世凱——
欺己盜國源自錯誤暗示

> 袁世凱因迷信自己有"九五尊相"而利令智昏，
> 偏聽偏信，把讒言當真理，將夢幻當現實。
> 到頭來只能是一廂情願，一枕黃粱！

　　袁世凱（公元 1859—1916 年），字慰庭，河南項城人。年輕時兩次鄉試未中，遂棄文就武，投靠淮軍統領吳長慶。1894 年受李鴻章保舉為駐朝總理大臣，1895 年赴天津督練"新式陸軍"，1899 年任山東巡撫，1901 年任直隸總督兼北洋大臣，1908 年受清皇室排擠，被迫下野。1911 年辛亥革命爆發，出任滿清內閣總理大臣，倒戈一擊，逼清帝退位。1912 年 3 月，當選中華民國臨時大總統。1915 年 12 月宣佈恢復帝制，1916 年 3 月 22 日，在眾叛親離的壓力之下，撤銷帝制。1916 年 6 月 6 日，因尿毒症不治，死於北京。

　　袁世凱是近代中國歷史上一個極其重要的人物，一個偽裝維新的專制主義者。他的名字已經成為近代中國反動政治的同義語，每一部中國近代史書都不能不提到他。1911 年辛亥革命爆發，清王朝陷於崩潰的絕境，袁世凱迅速集結起北洋集團的軍事政治力量，打着"君主立憲"的旗號，強奪了清政府的一切權力；同時又舉着"贊成共和"的幌子，巧取了中華民國臨時大總統的職務。此後，袁世凱逆歷史潮流而動，悍然恢復帝制，企圖建立萬世一系的"洪憲"王朝，最終落得身敗名裂的下場。

為甚麼袁世凱敢於逆歷史的潮流恢復帝制呢？他為甚麼又會顧盼自雄，以為自己是天運所選定的人物，可以隨心所欲地改變歷史的進程？心理學上，對袁世凱的這些行為又有甚麼解釋呢？

因迷信而形成錯誤自我暗示

袁世凱從小就十分迷信，做事經常看相問卦，測算風水。袁世凱早年曾有過一段坎坷，中年發跡後升遷很快，辛亥革命成功使他由清政府的總理大臣躍居民國大總統，人生達到了輝煌的極點。可惜的是，袁世凱沒有將自己的成就看作是時代的恩賜，而是歸功於個人命數的轉變。所以，他當上總統後就更加癡迷於堪輿的指點。僅在 1913—1914 年間，他就曾找過賈興連、張振龍、郭三威、張曉初等人為他算命，求證自己有無"龍興之運"。

賈興連是山東人，他奉承袁世凱有"九五尊相"，卻指出新華宮（袁辦公與居住地方）大門皇氣散而不聚，建議在新華門左側修一廁所，以聚收污氣，並助龍運。袁世凱果真在新華門左側修一廁所，這一度成為民國的笑談。張振龍又名張鐵嘴，早年曾闖過關東，他看了袁世凱的生辰八字後也奉承說："此人大貴，有'九五尊位'，不登位將有負上蒼。"袁得知後十分喜悅，先是命人獎賞他 500 大洋，後又命人將他密殺，以防泄露天機。郭三威又名郭陰陽，直隸人。他察看了袁氏彰德祖墓後，稱果乃真帝王之脈，令袁"龍心大悅"，大加賞賜。張曉初又名張天師，自稱是正一教第 62 代傳人，他不僅認可袁世凱有"九五尊相"，還封他為"聖主"，並贈《玉牒金書》。為了報答張，袁世凱下令重修七天師府。

由於這一系列迷信活動，袁世凱逐漸形成了強烈的自我暗示：自己就是真龍轉世，當登九五尊位，所以認可楊度等人建立"籌安會"來推動帝制。

因錯誤的心理暗示而備受愚弄

袁世凱自從迷信自己會有"九五之尊"的龍運後，便對自己的"帝相"跡象十分癡迷，竟因此在生活中屢屢受騙。例如，袁世凱有一隻朝鮮國王賜給他的碧雕茶杯，袁每覺醒來必先喝一杯由此杯盛放的香茶。一天，一個茶童給袁世凱送茶，見他還在鼾睡，就一直看他，不小心將茶杯打碎，就跑了出去。袁世凱醒來後，發現茶杯摔碎了，就大聲訓斥茶童，並問茶童是怎麼回事。茶童說："剛才我看見睡在牀上的不是大總統，而是一條五爪大金龍，牠渾身閃閃發光，正要騰飛，所以將茶杯跌落。"袁世凱聽後怒容全消，賞給茶童一筆錢，要他不要告訴別人。其實，這是茶童的領班教他這麼說的。

還有一日，袁世凱將要就寢，他的一個小妾突然跑來說看到一條滿身通紅的蛇潛入居仁堂，在樑上纏繞了好幾圈，她還主動提出陪袁世凱去見那條蛇。袁世凱等人來到居仁堂，真的看見一條渾身赤色的蟒蛇，不想那蛇見到袁世凱等人後，一點不害怕，反而溫順地沿着大樑慢慢爬走，到西牆後即不見了，袁世凱對此大為吃驚。其實，這是袁克定與那個小妾連手搞的騙局，蟒蛇是從馬戲團借來的。

另有一日，北海的叢林中忽然升起一道火光，平地冒出一堆新土。袁世凱得知後命人挖地三尺，結果發現一塊石碑。當時人們都看不懂，就叫梁士詒來看，他也看不懂，又找古文專家劉師培來解讀。結果發現石碑上的篆文書：龍站玄黃，墜統失綱。庶民不和，洪範憲章。天命攸歸，安吉衣裳。新我華夏，山高水長。這碑文就是說（宣）統失綱，洪（憲）命歸。但事實的真相是，這塊石碑是由袁克定與梁士詒、劉師培合謀偽造的。

1914年，袁氏祖塋守墳人韓誠匆忙趕來京城，向袁世凱報告：曾祖袁保中墳側，夜間不時有紅光出現，形同火炬，照耀四方。此外，袁氏祖塋附近還長出一株紫藤樹，狀似盤龍，長逾丈許。最後，祖墳附近還發現了一塊刻有“天命攸歸”字樣的石塊。袁世凱聞知大喜，即命將此保護起來。其實，這一切也都是急於當太子的袁克定一手導演的把戲。

至此，袁世凱已完全接受了“九五尊相”的暗示。在他心目中，中國社會需要有皇帝來治理，眼下只有他才配當皇帝。所以，由民選總統過渡到天祐皇帝只是一步之差，這是他袁某人的歷史使命。可他從來沒有想過，那些奇談怪事都是騙人的把戲，為的是讓他陷入“九五尊相”的圈套。1915年，已經身為中華民國終身大總統的袁世凱，終於走上恢復帝制的不歸路。

袁世凱不良自我暗示的心理學分析

袁世凱自從形成了“九五尊相”的自我暗示後，就不斷尋求天理的支持，而且樂此不疲。袁世凱之女袁靜雪曾尖銳地說："我父親是有迷信思想的，他既相信批八字，也相信風水之說。有人給我父親批過八字，說他的命'貴不可言'。還聽得說，我們項城老家的墳地，一邊是龍，一邊是鳳。龍鳳相配，主我家應該出一代帝王。這些說法，無疑地會使我父親的思想受到影響。他之所以'洪憲稱帝'，未始不是想藉此來'應天承運'吧。"所以說，袁世凱的稱帝思想不是一日形成的，而是在接受了一系列的不良心理暗示後形成的。這些心理暗示又進一步形成特定的心理作用，它嚴重誤導了袁世凱對自我的清醒認識及對時局的準確判斷，做出了誤國誤己的事情。

在心理學上，自我暗示（autosuggestion）是暗示的一種，屬於自我刺激過程，指通過主觀想像或自信某些特殊的事、物、人的存在，據此來進行自我刺激，達到改變行為和主觀經驗的目的，同時引起心理──生理上相應的變化。其中，消極的自我暗示可誤導個人的判斷和自信，使人生活在幻覺當中不能自拔，並做出脫離實際的事情來。消極的自我暗示還可使人對外界事物的認知形成某種心理定勢的作用，為人處事偏聽誤信，憑直覺辦事。由此可見，袁世凱稱帝不僅是貪婪昏聵的結果，也是不良自我暗示的惡果，終因洪憲稱帝而賠上了自家性命。

甚麼是心理暗示

暗示是人類心理活動的一個基本屬性。任何人都存在一定的暗示性，但每個人的強弱程度不同。暗示不是以分析、思考、說理的形式發生作用，而是以含蓄、迂迴的方式，在無意識中不知不覺地接受信息並產生效果。暗示表現為對他人的動作、語言、觀念不加批判地模仿或認同，從而導致自己的知覺、判斷、情感或行為改變的心理過程。根據暗示的來源，可分為自暗示和他暗示。自暗示的信息來自本人，他暗示的信息來自他人或外界情境。依據暗示對個體心理和生理的影響情況，可將暗示分為積極的暗示和消極的暗示。積極的暗示有利於促進心身健康；消極的暗示則會損害個體的心身健康，甚至誘發精神失常或導致嚴重的後果。

2.4 海明威——
揮之不去的自殺意念

與死亡的意念做鬥爭，本質上是
與自我無助感做鬥爭，也是在與偏執的膨脹做鬥爭。

　　海明威（Ernest Miller Hemingway，公元 l899－1961 年），
美國人，世界著名文學家。1954 年度的諾貝爾文學獎獲得者，
"新聞體"小說的創始人。海明威生於鄉村醫生家庭，從小喜
歡釣魚、打獵、音樂和繪畫，曾作為紅十字會車隊司機參加
第一次世界大戰。後長期擔任駐歐記者，並曾以記者身份參
加第二次世界大戰和西班牙內戰。海明威不但塑造了許多硬
漢形象，而且自己也瘋狂地喜愛各種冒險活動。但他晚年罹
患多種疾病，精神極度抑鬱，經多次醫療無效，終用獵槍自
殺。

　　其代表作主要有：《太陽照樣升起》、《永別了，武器》、
《第五縱隊》、《喪鐘為誰而鳴》、《老人與海》等。在藝術上，
他那簡約有力的文體和多種現代派手法的出色運用，在美國
文學中曾引起過一場"文學革命"，許多歐美作家都明顯受到
了他的影響。

　　半個多世紀以來，有關海明威的人生一直都是爭論的焦
點。他有過輝煌，也有過絕望。為甚麼在海明威迷人成功的
一面背後，卻是失敗的人生另一半？他的自殺是一種勇敢的

"硬漢"之舉，還是因為他再也無法承受"硬漢"形象給他帶來的負擔？是甚麼樣的心理導致他最終以自殺了結自己的生命呢？

海明威對死亡的渴望

海明威的生活經歷中，充滿了各種冒險式的緊張與壓力，他的內心也因此時刻承受劇烈痛苦而複雜紛呈的變化。他不停地旅行、冒險，尋求各種刺激，只是企圖利用這些方式擺脫、逃避沮喪和低落的情緒。他在身體上企盼生存，而在心理上卻渴望死亡。

在海明威的著作如《在我們的時代》、《戰鬥春夢》、《旭日東升》、《戰地鐘聲》中，我們經常可以看到的主題是失落、了結和死亡。在 1932 年創作的一部關於西班牙鬥牛的專著《死在午後》中，海明威寫道："一個國家要熱愛鬥牛，必須具備兩個條件：一個是那裏必須飼養公牛；二是那裏的人必須對死感興趣。"海明威所塑造的英雄永遠在失敗中等待死亡，如果一個人要從死亡中顯示出生命的光彩；要從死亡中走出幻滅的狹小世界；要從死亡的陰影中逃脫，那麼唯一的方法就是酗酒、性交、狩獵、打鬥、流血、兇殺。

1954 年，55 歲的海明威獲得了諾貝爾文學獎。當時，他因身體不適沒能親自去斯德哥爾摩領獎。實際上，他那時候已經病得很重。他的血壓高達 215/125，肝功能也出現了衰竭的症狀。這時候，他的情緒出現了很大波動，而且感到眼球十分"乾燥"——"無眼淚"的眼睛是一種抑鬱症的典型症狀。

1959 年夏天，海明威為了慶祝自己 60 歲生日，破例在西班牙舉行了一次鋪張豪華的生日宴會。整個宴會延續 24 個小時，由巴黎運來香檳酒，從倫敦運來中國菜，又向馬戲團租來一個射擊小隊。然而這個時候的海明威，已經在心理上產生了嚴重障礙。他除了對別人說自己那些浪漫的往事之外，甚麼也不再提及。此外，他嘲笑自己的妻子、辱罵客人，使整個宴會氣氛陷入尷尬之中。

1960 年，海明威完全喪失了工作能力，他產生了一種病態的固定觀念：由於一次輕微的汽車相撞事故，他就擔心自己會坐牢。儘管他在銀行有足夠的存款，但他相信自己再也買不起房屋。他時常感覺到美國聯邦調查局的間諜在不斷地監視和跟蹤自己。他在書桌前可以面對自己的手稿枯坐數個小時，而不能完成任何事情。他越來越頻繁地出現要自殺的念頭。有時候，他久久地站在存放槍支的櫥櫃旁邊，手裏握着一支槍，通過窗戶凝視着遠處的山脈。

從 1960 年 11 月到第二年的 6 月，海明威兩次被送往明尼蘇達州的海奧醫院——這是美國最好的醫療中心之一。醫生採用電休克療法對他的大腦進行治療，但沒有獲得絲毫成功。海明威斷言，在他的房間裏藏着傳聲器，而醫生都是秘密間諜。他的精神狀況仍無好轉，而且顯示出越來越嚴重的自我摧殘傾向。

1961 年 7 月 1 日，海明威和妻子以及一位朋友去一家飯店用餐，在餐廳入座後，他懷疑周圍的顧客都是美國聯邦調查局的間諜。回到家裏，海明威跟妻子唱了一首意大利民歌，最後海明威向妻子叫喊：“晚安，我的小貓。”這天夜裏，他一個人睡在一間小房間。7 月 2 日早晨，海明威被發現時，已經躺在門廳裏。一支步槍就放在他的兩條腿中間，血液和肌肉組織的液體飛濺到天花板上。海明威同時發射了兩顆子彈，其中一顆炸破了他的頭顱。

從醫學的角度講，海明威的自殺有一定的家族遺傳因素——他的父親就曾用一把手槍對準自己的太陽穴開槍自殺。就像所有的兒子都希望超越並戰勝自己的父親一樣，海明威一生似乎都在模仿並試圖超越父親，讓自己表現得更為勇敢。海明威去世後，他最愛的妹妹厄休拉在夏威夷大學為文學創作設立了厄內斯特‧海明威紀念獎，然而這一舉措並沒有能夠掃除因海明威自殺而投下的陰影。當從醫生那兒得知自己身患癌症時，厄休拉於 1966 年服毒自殺。

海明威的弟弟萊斯特在 13 歲時親眼目睹了父親自殺後的場面，這對他產生了極大的影響，後來哥哥的自殺對他無疑又是一聲晴天霹靂。1982 年，當他的醫生告訴他由於糖尿病的緣故不得不進行雙腿截肢手術時，萊斯特用一粒子彈結束了自己的生命。海明威的一個孫女（當過模特和影星）也死於自殺。

海明威患有抑鬱症

在舉槍的一瞬間，海明威到底患了甚麼病？可以說，除了高血壓、動脈硬化等多種生理疾病外，在精神方面，海明威是個抑鬱症患者。

在所有精神疾病當中，抑鬱症當是最可怕的疾病。醫學家做過一個統計，世界上 80% 的自殺者都是抑鬱症患者，抑鬱症患者中 20% 以上最後因為不能忍受抑鬱的痛苦而選擇自殺。抑鬱症在人群中的發病幾率是 80%。也就是說，80% 的人一生中要受到不同程度抑鬱情緒的困擾，只是時間長短和病情輕重的問題。抑鬱症可以徹底摧毀一個人的生活意志，也可讓一個人整日生活在高度興奮與狂躁當中。那麼，甚麼是抑鬱症呢？

對此，要先分清甚麼是憂鬱症與甚麼是抑鬱症。從醫學角度講，憂鬱症是神經官能症的一種，它通常由於用腦過度、精神緊張、體力勞累等引起，包含失眠症、焦慮症、疑病症、恐懼症、強迫症、神經衰弱、神經性嘔吐等病症。抑鬱症則屬於精神病的一種，通常由於長期的自我仇視及情緒低落引起，包含狂躁症、雙向抑鬱症等。此外，憂鬱症患者還多出現入睡困難，入睡 1─2 小時後即醒，醒後再難入睡等症狀，並伴有坐臥不安、無緣無故的恐懼與焦慮等現象。而抑鬱症患者則多出現沮喪、憂傷、自卑、對日常活動興趣顯著減退甚至喪失等症狀。長期的憂鬱症會導致抑鬱症。

總之，憂鬱症是嚴重的神經官能症，是亞健康狀態的突出表現，如不及時就診會導致抑鬱症。而抑鬱症是嚴重的精神疾患，也是情緒障礙的突出表現，如不及時治療，則會完全摧毀一個人的生活意志與身心健康。就心理學來說，憂鬱與抑鬱是心靈枯萎的程度不同，是開心能力的不斷下降。由此可以說，維護一個人的心理健康，本質上就是提高並維持一個人開心的能力。那麼，海明威為甚麼產生種種抑鬱的症狀呢？

海明威自殺意念的心理分析

海明威幼年時和大他一歲半的姐姐馬塞利娜長得極為

相似，因此被他的母親格雷絲當作性別相同的雙胞胎一樣對待。格雷絲經常給海明威穿戴上女性兒童的服裝，如粉紅的方格花布衣、帶花邊的白色兜帽、黑色的女童皮鞋、長筒襪。不僅如此，她還希望他們"感覺就是雙胞胎，甚麼都保持一致"。在這對假扮的雙胞胎之間，馬塞利娜在身體上的優勢要比海明威大 18 個月，她不僅個頭高，懂的也多，在海明威早年表現出的對姐姐的愛戴背後，一直存在一種怨恨，且隨着年齡的增加，這種怨恨更加強烈。他一直稱馬塞利娜是個"排擠專家"，這是因為在競爭中，他一直被馬塞利娜"排擠"出來，處於不利的地位。

精神分析學家霍妮提出：由於各種不利的影響，兒童不能按照自己的意志成長，結果兒童不能形成歸屬感，而代之以深深的不安全感和莫名的恐懼感，並將其稱之為基本焦慮。海明威本來是一個男孩，卻被像一個女孩子一樣對待，還人為地給他樹立了一個似乎平等但卻強有力的"對手"，這種養育方式帶給海明威強烈的焦慮和不安全感。這種焦慮，持續了他的一生，並成為他抑鬱症產生的根源。

為緩解焦慮，海明威必定在潛意識中採取各種方法，他有一種急切凌駕於他人之上的需求。但是，他的內心最終只有一種方法可以滿足他的需求，而且可以馬上滿足他的需求：通過想像。這種日積月累的想像工作最終在海明威心中創造出自我的一種理想形象。在這個過程中，海明威賦予這個形象無限的力量和至高的能力：他變成了一個硬漢，一個英雄，一個無所畏懼敢於冒險的人。這個形象的特點與他的特殊需求以及他的才能（寫作）有關，他在其中找到了幼年時期缺乏的認同感和歸屬感。

在後來的生活中，儘管海明威可能感到他的雄心或完美的理想是他想要達到的，但在潛意識裏，他是被迫要達到的。也就是說，在海明威的身上，發生了自發性驅力和強迫性驅力之間的衝突：即"我想做一個硬漢"與"我必須做一個硬漢"之間的衝突。這時，他不再是一個追求者，而是一個被迫者。他被迫表達自己，表現理想化的自我，並將這種表達滲透到他現實的生活行為、人際關係和文學作品中。誠如英國作家詹姆斯·喬伊斯所評說的那樣："一個敏感的人硬要充硬漢。"

由此可見，海明威一生大部分的精力都在達成"理想自我"這一任務，他為自己制定了嚴格的內心指令系統，要求自己做絕對完美的理想形象——硬漢、英雄。然而遺憾的是，過於強烈的硬漢人生，會導致剛愎自用，一旦"硬漢"遭受到打擊，自我形象受到破壞，則會因為強烈的反差而產生情緒上的極端失望和絕望，從而對自己喪失信心。當海明威為之奮鬥了一生的"硬漢"英雄形象在疾病、衰老中逐漸倒下時，他沒有能力再用自己的行為維護理想的形象，他體驗到了矛盾的折磨和痛苦，他感到了焦慮與憂鬱正在不可避免地侵襲而來。

在海明威人生的最後十年裏，他經常會無緣無故地用言語中傷他人。無論在甚麼時候，每當他感到某些人在某種程度上對他是一種威脅時，他便會對其進行攻擊。最常用的武器就是指責對方斷子絕孫、性無能、同性戀。他還開始酗酒，希望通過酗酒以及沉溺於寫作來改變這種局面，緩解焦慮。但當各種病痛使他無法忍受，再也寫不出作品時，海明威的安全感徹底喪失了。而且最主要的是，對現實的局面，他無能為力，他只能體驗更深層次的焦慮和無助。最終，焦慮和無助激起了他對自己的敵意、憤怒、輕蔑和仇恨。

心理學認為：任何形式的自殺都是一種譴責。海明威的自殺是對自己的譴責。對硬漢人生的追求成就了海明威一系列硬漢作品以及文學，可是最終無法達成他理想的神話而令其自我譴責、自我憎恨。他對他矛盾的生活恐懼最終絕望，終於選擇了死亡。

海明威的自殺告訴後人：死亡臆想是人情感脆弱時的自由浮想，是人之常情的表現。如果這種死亡幻想進入一種偏執的狀態，並且不斷膨脹，那就會導致自殺。也就是說，很多有死亡動機的人只是無限誇大了個人的精神痛苦，認定自己所蒙受的打擊是舉世無雙、空前絕後的，於是便有了萬念俱灰的感覺，死也就成了順理成章的事情。

其實，與死亡的意念作鬥爭，本質上是與自我無助感作鬥爭，也是在與偏執的膨脹作鬥爭。到頭來，死與生只是一念之差的事。在現實生活中，死帶來的問題往往比它帶走的問題要多得多。相信死可以解決一切問題的人大多誤會了人生！

俄國著名詩人普希金曾說："假如生活欺騙了你，不要憂鬱，也不要憤慨！不順心的時候暫且容忍，相信吧，快樂的日子就會到來。"願所有珍惜生命的人，都記住這句話！

知識 小鏈接

心理學論自殺

弗洛伊德認為：“生命與死亡的本能是人格中的建設傾向和破壞傾向。人生一開始就帶有自我破壞的傾向，它結合種種內在的心理與外在環境因素才可能構成自殺行動。”心理學認為，絕望是自殺的根源。它來自個人的孤獨感、自卑感、無助感以及精神疾患等因素。這些因素會使人感到被排斥、被拒絕、被淘汰，令人感到倒霉的事情專門發生在自己身上。久而久之，人就會越來越絕望。自殺幻想多是自我偏執不斷膨脹的結果。人在情緒低落的時候時常會想到死，但這並不構成絕望或精神失常。所以，與死亡意念作鬥爭，本質上就是與自我無助感作鬥爭，也是在與自我偏執的膨脹作鬥爭。

第三章
人格缺陷

人格缺陷（Personality Defect）是介於正常人格與人格障礙之間的一種人格狀態，也可以說是一種人格發展的不良傾向，或是說某種輕度的人格障礙。常見的人格缺陷有自卑、冷漠、依賴、多疑，或者自負、孤傲、偏執、強迫等等，甚至出現敵視、暴躁、衝動、破壞等等。這些都是不健康的心理因素，它們不僅影響個體的活動效率，也妨礙其正常的人際關係，進而對其涉及的社會生活產生影響。

3.1 | 諸葛亮——
鞠躬盡瘁源自完美主義

諸葛亮的人格悲劇在於他過分的追求完美，
既累死了自己，也拖累了國政。

東漢末年，魏、蜀、吳三國形成鼎立的局面。在這種局面的形成過程中，諸葛亮發揮了巨大的作用。在其著名的《隆中對》三分天下方針的指導下，諸葛亮輔佐劉備借荊州、佔益州，西入巴蜀，連吳抗曹，奠定了三國時期的政治格局。

劉備死後，諸葛亮主持蜀國政務，堅持《隆中對》的策略方針，六出祁山討伐魏國，並且朝中事情，無分大小，事必躬親，可謂是追求完美的代表。可恰恰因為他過分追求完美，導致軍、政管理上的諸多失誤，使得蜀國實力衰弱，克復中原的夢想終成泡影。蜀國之興亡，可以說成也孔明，敗也孔明。

是甚麼樣的心理動因支持着諸葛亮一定要以《隆中對》作為自己的奮鬥目標？他為何如此的執着於完美呢？

諸葛亮是一個完美主義者

在心理學中，完美主義 (perfectionism) 是一種人格特質和思維方式。台灣心理學家張春興在《張氏心理學辭典》中指出，完美主義是指"在工作表現上對己或對人所要求的一種態度。持完美主義的人，對任何事都要求達到毫無缺點的地步，難免只按理想的工作標準苛求，而不按現實情境考慮應否留有彈性或餘地。"

史書中關於諸葛亮的記載十分詳實，使得我們可以有豐富的資料支持對他人格特點的推斷。諸葛亮主持國政期間，事無巨細，親力親為。這是因為，一方面，他本性上注意細節，務求完美；另一方面，他認為自己才智超人，擔心他人代勞不能盡善，因此不願放權屬下。這些都是完美主義人格的典型表現。

諸葛亮的工作狀態完全稱得上"鞠躬盡瘁，死而後已"。他對蜀國的巨大功績和貢獻，自古以來多無異議。而史學界爭議最多的內容主要涉及兩個方面：一是諸葛亮在政務、軍務上面事無巨細、事必躬親的做法；二是諸葛亮在劉備去世後連年興兵北伐的戰略決策。從心理學角度看，這兩個方面都與諸葛亮的完美主義人格有密切的關係。

諸葛亮完美主義人格的後果

(1) 軍政管理　事必躬親

撇開史書，先總結一下源於諸葛亮主政的相關典故和成語，也收穫頗豐，如：事無巨細、德薄任重、食少事繁等。可見，其管理上事必躬親的這一特點是廣受世人關注的。《三國誌・諸葛亮傳》記載："建興元年，封亮武鄉侯，開府治事。頃之，又領益州牧。政事無巨細，咸決於亮。"就是說，諸葛亮一人身兼中央地方兩職，等於從中央大政方針決策，到地方的具體實行，都是諸葛亮一個人來擔綱。《三國誌·諸葛亮傳》還稱："及備殂沒，嗣子幼弱，事無巨細，亮皆專之。於是外連東吳，內平南越，立法施度，整理戎旅，工械技巧，物究其極，科教嚴明……"可見，諸葛亮實際上將蜀國政治、軍事、經濟、文化、外交、立法等方方面面都納入了自己的職責範圍之內。以下僅舉幾例證明：

首先，蜀漢朝中的人事考察和任免都由他親自安排。他上表後主，安排了從侍中、侍郎郭攸之、費禕、董允，將軍向寵，到尚書、長史、參軍等官員來處理國務。可以說，從上到下的整個行政體系，諸葛亮幾乎對每位主要官員都親自考察任用。另據記載，甚至後主劉禪的納妃，諸葛亮也曾以"甚賢"為由，力薦張飛之女入主後宮。

其次，諸葛亮還親自主持屯田、修路、架橋等基礎設施建設。他派兵駐守都江堰等水利工程；親自過問農業生產和蜀錦紡織業的發展；親手改進兵器"連弩"；發明"木牛流馬"……。此外，他還親自將這些施政經歷記述下來，多達二十四篇，十四萬餘字。對此，陳壽謂曰："亮言教書奏多客觀，別為一集"。

在《資治通鑒·魏紀二》中記載了一個故事，對於諸葛亮"事必躬親"性格特點刻畫尤其生動。主簿楊顒曾經見到諸葛亮親自校訂簿書（公文），於是勸諫："為治有體，上下不可相侵。請為明公以作家譬之（用管理家庭作比喻）。今有人，使奴執耕稼，婢典炊爨，雞主司晨，犬主吠盜，牛負重載，馬涉遠路。私業無曠，所求皆足，雍容高枕，飲食而已。忽一旦盡欲以身親其役，不復付任，勞其體力，為此碎務，形疲神困，終無一成。豈其智之不如奴婢雞狗哉？失為家主之法也。是故古人稱'坐而論道，謂之王公；作而行之，謂之士大夫。'……今明公為治，乃躬自校簿書，流汗終日，不亦勞乎！"對楊顒這番話，諸葛亮頗為欣賞。楊顒死後，諸葛亮曾為失去一個知己而泣下。由此可見，諸葛亮並非不知道自己事必躬親的問題所在，但自身人格上的缺陷，使他無法安心放權。

劉備臨終時，將管教兒子連同興國安邦的內外事務託付給諸葛亮。從此諸葛亮凡事必言不負先帝之託，不辱先帝之望。他夙興夜寐，日理萬機，意尤嫌不足。首先，諸葛亮情緒抑鬱。對此，他自己的陳述是"受命以來，夙夜憂歎"。其次，諸葛亮有進食障礙，《魏氏春秋》記載："亮使至，（司馬懿）問其寢食及其事之繁簡，不問戎事。使對曰：諸葛公夙興夜寐，罰二十以上（杖責二十棍以上），皆親覽（親自過問）焉；所噉食不至數升。宣王（司馬懿）曰：亮將死矣。"再次，諸葛亮非常可能因為長期工作壓力和抑鬱情緒而罹患身心疾病，《魏書》的對此描述是"亮糧盡食窮，憂恚嘔血"。

總之，完美主義人格影響下細緻辛苦的工作狀態，以及由此導致的沉重的心理壓力，令諸葛亮帶着無限的遺憾病歿五丈原，早早地退出了歷史的舞台。

(2) 連年北伐　窮兵黷武

據內地學者王國民先生的不完全統計，"自劉備攻佔益州至蜀亡的五十年間，蜀漢對外用兵近三十次，其中大規模戰爭和軍事行動將近二十次"。而在諸葛亮主政的短短十一年間，對曹魏的大戰就多達七次，包括"五次出征和兩次禦敵"。五次主動出擊的北伐戰爭，更是集中在六年時間裏。筆者依照正史記載，將諸葛亮北伐年表整理如下：

表 9　諸葛亮北伐年表

時間	事件
蜀漢建興六年春 （公元 228 年）	首次北伐，失街亭， 諸葛亮斬馬謖，自貶為右將軍。
蜀漢建興六年冬 （公元 228 年）	再次北伐，蜀軍出大散關， 圍攻陳倉二十餘日不下，糧盡而退。
蜀漢建興七年 （公元 229 年）	第三次北伐，奪取武都、陰平， 恢復丞相職位。
蜀漢建興九年 （公元 231 年）	第四次北伐，大敗魏軍， 伏殺魏將張郃。因糧草不濟退兵。
蜀漢建興十二年 （公元 234 年）	第五次北伐，積勞成疾病故五丈原。

諸葛亮每次出兵中原，都面臨三大困境：山高路遠、兵源不足、糧草不濟。因此，儘管他對於每一次都進行審慎的考慮和精心的部署，仍然不免負多勝少。單從兵力對比上看，蜀國就處在明顯的劣勢。據台灣學者陳文德先生考證，在第一次北伐前"曹魏一方佔有九個州，總戶數大約 60 萬戶，人口約為 433 萬；孫權集團佔有三個州，總戶數約 52 萬戶，人口約 230 萬；而蜀漢只轄有益州，總戶數約 38 萬戶，人口約 94 萬。"諸葛亮每次出山，曹魏可以在很短時間內召集數十

萬軍馬對抗蜀軍，這是蜀國傾盡國民也無法抗衡的。而依內地學者吳國聯先生考據，諸葛亮第一次北伐時的實際兵力只有 5 萬，而魏國在長安駐有 20 萬部隊，曹真、郭淮的 20 萬部隊迅速增援，其後魏明帝親率 30 萬大軍作為後備。可見北伐受挫並非意外，依筆者之見，縱使馬謖未失街亭，蜀國勝率依然不大。

《三國誌・諸葛亮傳》曰："亮每患糧不繼，使己志不申"，他五次北伐有兩次就是因為糧草問題而退兵。唐朝李白詩曰："蜀道之難，難於上青天！"秦嶺地區山勢險惡，部隊遠征沿途缺少補給，只能依賴後方的糧草運抵前線，這種作戰方式顯然具有極大的風險，難以持久支撐。即使他才智過人，以木牛運糧，也是於事無補。諸葛亮在後期發覺了之前的戰略弊端，"是以分兵屯田"，可惜為時已晚，無力回天。

由此可見，諸葛亮每次兵出祁山，在交通上、兵源、糧草上均不佔優勢。在蜀、魏國力懸殊至此的情況下，即便劉備在世，也未必會為了復興漢室而如此窮兵黷武。諸葛亮卻知其不可為而為之，一次次的舉全國之力北伐曹魏，具有明顯的偏執性行為的特點。值得注意的是，六年五伐實際上是與諸葛亮的治國初衷相違背的。諸葛亮在《隆中對》中提出：復興漢室的大業應當分為三個戰略步驟：第一步，佔據荊州，奪取益州；第二步，連吳抗曹，三分天下；第三步，"天下有變，則命一上將將荊州之軍以向宛、洛，將軍身率益州之眾出於秦川。"如果真的這樣做了，"則霸業可成，漢室可興矣"。這個三步戰略表達的是諸葛亮穩步提升國力，伺機收服失地的思想。與此對照，諸葛亮的連年北伐顯然有失理性。

諸葛亮的完美主義人格分析

心理學上，完美主義人格一般用來描述一類負面的心理特徵，臨牀上屬於病理心理的範疇。那麼，諸葛亮這種完美主義人格是否給他造成了不良的影響呢？身心醫學研究表明，完美主義和許多心理障礙及心身疾病有密切關係。內地學者王敬群等曾將完美主義與心理病理現象之間的關係總結為六類，包括：1、抑鬱；2、社交焦慮與社交恐怖；3、人格障礙；4、強迫症；5、進食障礙；6、身心障礙。由此，我們可對諸葛亮的夙夜憂歎、食少事繁最終英年殞落給予科學的解釋。

諸葛亮的事必躬親與非理性的連年北伐，通俗的講包含了他對既定理想與目標的執着追求，也包含有酬答知己、報知遇之恩的因素。就心理學而言，諸葛亮作為一個完美主義人格者，常因為對自己完美理想的信仰而陷入定勢思維，因此才執着於繁雜的政務和頻繁的軍事行動。那麼，又是甚麼樣的心理導致諸葛亮如此的苛求完美呢？這可以歸結為他的兩大情結，即效忠以死情結和克復中原情結。

(1) 效忠以死情結

心理學將情結定義為："由一些被意識壓抑的意念（即無意識的思想、感情、知覺、記憶等）所組成的具有類似核心作用的複雜的心理現象。它能吸附許多經驗，使當事者的思想行為及情緒易受這種情結的影響而遵循一定的方式進行，形成固定的行為模式。"情結會在潛移默化中影響一個人的思維和情感方式，使人形成特殊的偏見或偏好。情結也是人情感的自然流露，很難加以理性控制。

諸葛亮去世之後，後主劉禪賜其諡號為「忠武侯」，可以說是對其忠誠的最大肯定。諸葛亮表現出如此鮮明的誓死效忠，最為直接的心理原因，可以稱為效忠以死情結。據《三國誌・諸葛亮傳》記載，劉備在蜀中稱帝，封諸葛亮為丞相時對他說：「丞相亮其悉朕意，無怠輔朕之闕，助宣重光，以照明天下，君其勖哉！」對諸葛亮給予了極高的評價，並期望諸葛亮能夠勤勉努力，盡心輔政。

由於完美主義者對於重要他人評價的高度重視，劉備的信任和期望就令諸葛亮逐漸將知遇之恩與其對完美道德的追求結合起來，形成了其對忠君報國這一完美形象的信仰。其後劉備託孤時的囑託，更加強化了諸葛亮的這種完美思考。章武三年春，劉備病重，召亮囑託後事說：「君才十倍曹丕，必能安國，終定大事。若嗣子可輔，輔之；如其不才，君可自取。」亮涕泣曰：「臣敢竭股肱之力，效忠貞之節，繼之以死。」這一幕「白帝城託孤」是中國代君臣關係的一齣絕戲，戲的前一半由劉備表演，他巧言託孤，給諸葛亮以無限的信任和尊重；而後一半則由諸葛亮表演，他以實際行動實現了自己在劉備病榻前的誓言。

換言之，劉備的一番臨終之言使諸葛亮的思維中形成了「效忠以死情結」。它使得諸葛亮凡事必言不負先帝之託，不辱先帝之望。蜀國的軍務、政務中出現任何的紕漏，諸葛亮都會歸咎於己。所以諸葛亮可以心甘情願地夙興夜寐，日理萬機，尤嫌不足。而當他聽說司馬懿評論他「食少事繁，豈能長久？」時，諸葛亮泣曰道：「吾非不知，但受先帝託孤之重，惟恐他人不似我盡心也。」可見諸葛亮「效忠以死情結」

有多深。最終，諸葛亮以自己的"鞠躬盡瘁，死而後已"希望能達到兩個目的：一是報答主公對他的無限信任；二是為後人樹立一個榜樣，激勵他們去完成先帝未竟的事業。

(2) 克復中原情結

諸葛亮受劉備託孤之重，視克復中原為己之大任，經年用兵不斷，雖皆無功而退，卻仍矢志不渝。其實諸葛亮對於國力的衰弱並非沒有意識，在第一次北伐前，他上書後主劉禪，提到："今天下三分，益州疲弊，此誠危急存亡之秋也"。但是六年五征的偏執行為也是事實。如前文所述，諸葛亮連年興兵是他完美主義人格的表現。具體地講，他的完美主義人格之所以與連年北伐這一事件糾結起來，正是由於"克復中原情結"的作用。

諸葛亮在南陽隱居時，"好為《梁父吟》。身長八尺，每自比管仲、樂毅……"表現出極高的自我評價。他雖在隆中躬耕隴田，卻盡曉天下大事，一直在留心尋找可以使自己施展抱負的人。筆者認為，諸葛亮生長在漢末戰亂環境中，同時因為家庭的漢臣背景及儒家教育，他年輕時就明確了"興復漢室"這一政治理想，對篡權割據的軍閥多懷有鄙惡之情。正如諸葛亮在《出師表》中所稱："北定中原，庶竭駑鈍，攘除奸兇，興復漢室，還於舊都。此臣所以報先帝，而忠陛下之職分也。"因此，他要尋找的主公必須是一位有志於恢復漢室的劉姓宗親。而當時劉姓權勢人物只有荊州劉表、益州劉璋，此二人皆無大器之像。所以諸葛亮其實早已注意到了劉備的存在，後來故意三顧而相見以試探劉備的誠心。一旦劉備表現出了足夠的誠意，諸葛亮即以三分天下之大計相告，劉備頓感"孤之有孔明，猶魚之有水也"，一代君臣相依的楷模即這樣出現了。由此可以説，諸葛亮期盼劉備之心一點不亞於劉備期盼諸葛亮之心。

諸葛亮輔佐劉備，志在匡扶漢室，一統天下。可惜劉備中道故去，於是克復中原的重任就落在諸葛亮一人身上。為此，他經年在外作戰，不能很好地輔弼後主劉禪，也沒能將自己的才幹很好地傳授給兒子諸葛瞻。劉禪偏信宦官黃皓等佞臣，諸葛瞻居高位卻無力匡扶蜀漢政局，不能不説是諸葛亮之一大失誤。但在諸葛亮心中，中原一日不克，他一日就不心安，凡事皆以此為核心。其"克復中原情結"之深可謂到了強迫意念的地步。

對於諸葛亮"克復中原情結"的形成，陳壽在《三國誌》中的評論可資借鑒："（亮）又自以為無身之日，則未有能蹈涉中原、抗衡上國者，是以用兵不戢，屢耀其武。"也就是説，諸葛亮執着於克復中原，一方面與其一直以來的政治理想有關，另一方面，也因為他對自身智力和道德上的優越感使得他不能信任他人。最終，諸葛亮病殁在克復中原途中，其"克復中原情結"之深，令人泣下。

一言以蔽之：諸葛亮的人格悲劇就在於他過分地追求完美，既累死了自己，也拖累了國政。

完美主義人格的表現

完美主義人格的具體表現可以簡單歸納為：

1. 辛苦工作，注意細節，做事務求盡善盡美。

2. 認為自己在智力上和道德上高於別人。

3. 要求規矩、缺乏彈性，容易產生對自己完美理想的信仰，從而陷入定勢思維。

4. 行事謹慎，力圖成功，不能寬容自己甚至他人的失誤。

5. 非常在意生活中重要人物的評價和期待。

3.2 康有為——
激進人格導致欲速不達

康有為的悲劇在於：
他雖然做了正確的事情，卻沒有能把它做對。

　　康有為（公元 1858—1927 年），又名祖詒，字廣廈，號
長素，廣東南海人，人稱"康南海"。光緒年間進士，近代
著名思想家、政治家、書法家、學者。1895 年，《馬關條約》
簽訂後，康有為聯合 1300 多名舉人，上萬言書，要求變法，
即"公車上書"。此後，他和梁啟超創辦《中外紀聞》，不久
又在北京組織強學會、保國會等組織，號召救國圖強。康有
為多次上書光緒帝請求變法，1898 年 6 月，光緒帝任命他為
總理衙門章京，開始推行變法改革，史稱"戊戌變法"。但新
法遭到清政府內多方的抵制，推行僅 103 天即被慈禧太后廢
止，因此又稱"百日維新"。變法失敗後，康有為逃往日本組
織保皇會，鼓吹開明專制，反對革命。辛亥革命後，康有為
回國，宣揚尊孔復辟。1927 年，病死於青島。

　　康有為組織倡導的戊戌變法是中國近代史上重大的政治
事件，但它只維持了 103 天就夭折了。到底是甚麼原因導致
了戊戌變法的失敗，史家們至今仍聚訟不休，尚無定論。但
若從心理學的角度看問題，或許可以得出一些新的啟示。

戊戌維新的三大決策失誤

　　史學界一向認為，戊戌變法的失敗有三大癥結：一是變革操之過急，不僅導致維新派與洋務派決裂，也使維新派與保守派過早攤牌；二是沒有積極爭取慈禧太后的支持，反而把她推向保守派一邊；三是關鍵時刻錯用袁世凱，致使維新派被一網打盡。而這三大失誤的形成，都與變法維新的核心人物康有為做出了一系列錯誤決定有關。

　　戊戌變法的第一大敗筆是舉措激進，言辭激烈，沒有注意團結一切可以團結的力量，反而使一些最初支持或同情維新的朝廷官員改變了原有的立場。這與康有為個性張揚、剛愎自用有極大的關係。在治學早期，康有為就以自己的名氣而驕躁輕狂。例如，當年孫中山曾仰慕康有為之名，託人轉信致結交之意，但康有為卻回復說：「孫某如欲結交，宜先具門生帖拜師乃可。」孫中山由此黯然離去，這使康有為失去了一個很好的志同道合者。假如康有為誠心地接受了孫中山，不知中國的近代史會怎樣改寫。再如變法初期，時任兩江總督、南洋大臣的張之洞曾對康有為十分禮遇，盛邀他「入江寧後 20 餘日……隔日一談，每至深夜」，其關愛之殷殷，可見一斑。其間，張之洞曾力勸康有為言辭謹慎，少講過激言論。但康有為完全不把這位年長自己 21 歲的前輩放在眼中，反而認為張之洞「不信孔子改制，頻勸勿言此學」是與自己對立，最終「以論學不合背盟」為由，將張之洞拒於千里之外。

　　戊戌變法的第二大敗筆是沒有積極爭取慈禧太后及其它權臣對變法的支持，反而深深觸犯了他們的尊嚴與利益，這也與康有為的偏激思維有直接關係。例如，康有為曾力勸光緒皇帝下令裁去一大批閑散衙門和冗員，這本無問題。但其中不少是慈禧太后的心腹人員，對此光緒帝應當謹慎從事才對。可惜，光緒帝沒有注意到這一點，反而為自己一時的皇威表現而自我陶醉。這導致慈禧太后在變法後的第四天，迫使光緒帝發出三道諭旨：罷黜支持變法的帝師翁同龢；新授二品以上大員須到太后前謝恩；任命榮祿署直隸（今河北）總督，兼領董福祥（甘軍）、聶士成（武毅軍）和袁世凱（新建軍）三軍。這樣做旨在孤立光緒帝，打擊維新派，並將精銳的北洋諸軍掌握在自己手中。

還如，公車上書後，康有為帶領弟子們建立了強學會，洋務派首領李鴻章當時有仰慕之心，特提出"以三千元入股"來支持強學會，不料遭到康有為的嚴詞拒絕。事實上，雖然李鴻章當時名聲很差，但他對變法始終是持歡迎態度的。在百日維新中，裁撤冗衙一事曾阻力很大。李鴻章時在總理衙門，他曾引經據典，制定了併裁的方案，使之得以順利實行。可惜的是，康有為等人對此並不領情。此外，雖然維新派一向拒絕加入其陣營，但李鴻章對康有為的作為仍頗為讚許。即使在戊戌政變後，他還直言"捕新黨之謬"。而當慈禧太后說有人告他是"康黨"時，李鴻章曾坦然表示："若舊法能富強，中國之強久矣，何待今日？主張變法者即指為康黨，臣無可逃，臣實是康黨。"可惜，這一切都來得太晚了。

在戊戌變法的危機時刻，光緒帝曾十分後悔當時將李鴻章南貶為兩廣總督，這樣就缺了一位與慈禧太后及其他保守派溝通的人物。清朝的另一位權臣，協辦大學士、戶部尚書翁同龢曾是朝臣中支持變法最力的人，但後來他也因康有為

"語太訐直，無益，只生釁耳"而力勸光緒帝棄用康有為，並十分擔心他的輕狂躁進會導致整個變法的失敗。

戊戌變法的第三大敗筆是在變法危機的關鍵時刻，維新派們誤信袁世凱，請他執行囚禁慈禧，鏟除榮祿的計劃。這就是所謂的"殺祿圍園"的計劃，其幕後推動者也正是康有為。其實，這是一個鋌而走險的方案，完全沒有勝算。因此當時維新派的一些核心人物如王照、畢永年、譚嗣同等人，都曾十分懷疑這一計劃的可行性。但康有為堅持己見，一意孤行，並聲稱自己已成功離間了袁世凱與榮祿，"袁必為我所動"。最終維新派決定由譚嗣同夜訪法華寺，勸說袁世凱勤王救主。可結果正如王照等人所擔心的那樣，袁世凱一方面假意和維新派周旋，騙得譚嗣同對他的信任，另一面投靠舊黨，向榮祿告密，徹底出賣了光緒帝和維新派。

在這一系列重大決策失誤的作用下，慈禧太后於 1898 年 9 月頒佈詔書，囚禁光緒帝，捉拿維新派，殺譚嗣同等六君子，百日維新遂告失敗。

康有為舉事操之過急

變法初期，慈禧也是支持變法強國的（見表 10），因為她也深受甲午海戰中國戰敗、最終簽訂《馬關條約》的刺激，並圖謀變法自強。為此，她曾一度放手讓光緒帝主持朝政，嘗試變法維新，並特別面諭光緒帝："變法乃素志，同治初即納曾國藩議，派子弟出洋留學，造船製械，以圖富強也。""苟可致富強者，兒自為之，吾不內制也。"光緒帝這才頒佈《定國是詔》，開始變法。

表 10　慈禧支持改革的部分事例

時間	事件
1901 年 07 月 24 日	慈禧下令改總理衙門為外務部，班列六部之前。
1901 年 12 月 23 日	慈禧發佈懿旨，破除滿漢不通婚禁令，禁止婦女纏足。
1905 年 09 月 02 日	經慈禧太后恩准，清王朝下詔廢止科舉制。
1906 年 09 月 01 日	慈禧做出了發佈立憲詔書的決定，為中國歷史上第一個憲法性文件《欽定憲法大綱》的雛形。

　　由此可見，慈禧當時並不反對變法，如果康有為能夠充分抓住這一契機，調整變法步伐，把"主張變法"的桂冠送給慈禧，並維持其權威地位，則有可能爭取到她對變法維新的進一步支持。這樣就有可能排除頑固派官僚對變法的阻力，使變法得以進行下去。可惜的是，康有為看不到慈禧對變法的贊同態度，堅決"扶此抑彼之策"，甚至把慈禧的贊同視為阻撓，這種策略性的失誤最終惹惱了慈禧本人，為後來的戊戌政變埋下了禍根。

　　康有為認為"以皇上之聖武行之，中國之強，可計日而待也"。這種偏激思維極大誤導了光緒皇帝，使這位年少而性格急躁的皇帝過分相信自己的皇威和能力，在變法中不分輕重緩急，而是冒進改革，在短短的幾個月內，不僅在憲法制度上力求速變，還在服式、髮式、紀元等中國幾千年的傳統文化上力求突變。結果欲速而不達，逼得保守派瘋狂反撲。

操之過急是戊戌變法夭折的根本原因之一，而用人不當又是導致操之過急的根本原因。康有為作為變法維新的核心人物，其激進性格對變法理念的推廣傳播曾起到極大的推動作用，卻對政策實施起到了極大的誤導作用。決策學上有一條原則，就是"做對事，並把它做對。"（Do the right things and do it right）康有為的悲劇在與於：他雖然做了正確的事情，卻沒有能把它做對。

康有為的激進人格分析

康有為性格中的狂妄與自大，在很大程度上釀成了戊戌變法的失敗。而從心理學上講，康有為的狂妄與自大是典型的激進人格表現。

著名心理學家阿德勒曾將人的人格定義為一個人嘗試去適應他所居住的環境，因而顯現出來的特殊作風，並將人的性格分激進人格（攻擊性人格）和非激進人格（非攻擊性人格）兩種。具體地說，如果一個人在追求權力或優越目標時，以與他人為敵的方式呈現自我，並在表面上傷害他人時，那他就屬於激進人格；而如果一個人以自我撤退的方式來操縱他人的關心，並在表面上不傷害他人，那他就屬於非激進人格。

激進人格如若過度發展，會達到一種偏激狀態，它使人看問題總是帶着有色眼鏡，以偏概全，固執己見，鑽牛角尖，對他人善意的規勸一概不予理會。它還會使人做事急功近利、好大喜功、重名輕實，對他人的優點視而不見，卻總是誇大自己的作用。而在決策過程中，激進人格者可導致思維的兩極化,每當面臨錯綜複雜的局面時,會將問題簡單化、單一化。這樣的"一根筋"做法,缺乏變通,一條道走到黑,不撞南牆不回頭,表現出 A 型人格的特徵。

激進人格的最終結果就是自戀人格障礙,即當自我不能以正常方式滿足成就動機,就會過度關注自我的外在評價,有時甚至會把是否得到他人的關注視為行動的唯一理由,並經常沉浸在自己不切實際的幻想中。

聯繫到康有為身上,狂妄與激進可謂貫穿了他的一生。在他看來,自己是同天上諸"魔"鬥爭的"超人","常夜坐彌月不睡,恣意遊思,天上人間,極苦極樂,皆現身試之。始則諸魔雜沓,繼則諸夢皆息,神明超勝,欣然自得。"如此"超人",怎麼可能與無名鼠輩的孫中山來往,又怎麼會屈就張之洞等人的壓力?在狂妄偏激的心理作用下,康有為單純地認為,只要光緒帝"令群臣簽名具表,咸去守舊之謬見,力圖維新",則可"一日之間,風雲俱變"。他甚至拍着胸脯放言,只要中國效仿日本維新,定能"三年而宏規成,五年而條理備,八年而成效舉,十年而霸圖定矣。"這種簡單思維的荒唐在於,變法維新是一場深刻的思想革命,眾大臣只有先在思想上完全接受了變法維新的理念,才能在行動上心甘情願地加以實施。而這豈能是"一日之間,風雲俱變"的事?!更可怕的是,光緒帝當時雖貴為天子,卻根本不具實力抗衡以慈禧太后為代表的保守派,而中國的現狀也與明治維新時期的日本有着天壤之別。由此看來,戊戌變法的失敗,康有為的驕氣、狂氣的偏激人格難辭其咎。

表 11　康有為的狂妄激進表現

問題所在	言論表現	影響
不顧客觀條件，激進冒進。	守舊不可，必當變法；緩變不可，必當速變；小變不可，必當大變；三年而宏規成，五年而條理備，八年而成效舉，十年而霸圖定矣。	大躍進式的變法把眾多官員推向反維新陣營，其結果，百日維新期間發出有關的"上諭"竟達 110 多件。
重符號，輕實質，重形式，輕內容。	皇上先斷髮易服，詔天下……與民更始，令百官易服而朝。大集群臣誓於天壇太廟，上告天祖，下告臣民……即以今年改元為維新元年！	服式、髮式、紀元都是形式，但在中國文化傳統中卻被視為神聖不可侵犯的象徵，因此得罪了很多保守派。
鼓吹要絕對服從孔子，並提倡用孔子紀年。	無教者，謂之禽獸；無道者，謂之野人。道、教何從？從聖人。聖人何從？從孔子；蓋天不能言，使孔子代發之。	企圖創立自己的中國式的宗教思想體系，把孔學推到國教的位置上，藉用孔子在歷代中國人心目中的神聖地位，通過強化原有的宗教意味，把儒學變為宗教。
惟我獨尊，以孔子之後的唯一聖人自居。	殆如世尊起於菩提樹下，森然有天上地下惟我獨尊之概；當今之世，捨我其誰。	康有為自號"長素"。素王，是人們對孔子的尊稱，長素的自號意為自己是比聖人還要聖人的"神人"。

知識 小鏈接

Ａ、Ｂ型人格理論

　　1959 年美國心臟科醫生發現在冠心病患者中有一種特徵性的行為模式，他們稱之為"Ａ型行為類型"，並提出"Ａ型行為的人易患冠心病"這一假說。這一身心醫學研究所涉及的行為模式理論逐步被人格心理學收納，成為描述人格特徵的一個概念。如今，Ａ型人格與 Ｂ 型人格已經成為人格特質的一種區分方式。 Ａ 型人格者屬於較具進取心、侵略性、自信心、成就感，並且容易緊張。此類人總願意從事高強度的競爭活動，不斷驅動自己要在最短的時間裏幹最多的事，並對阻礙自己努力的其他人或事進行攻擊。與之相反，Ｂ 型人格者則屬較鬆散、與世無爭，對任何事皆處之泰然。

3.3 凱撒——
自負人格導致忘乎所以

凱撒之所以會死在一批令他平時不上心的小人物手中，
這是因為他人格當中存在相當成分的自負。

　　凱撒（Gaius Julius Caesar，公元前 102 年－前 44 年），羅
馬共和國末期傑出的政治家、軍事家，在世界古代史上赫赫
有名。凱撒出身貴族，歷任羅馬共和國財務官、祭司長、大
法官、執政官、監察官、獨裁官等職。前 60 年與龐培、克拉
蘇秘密結成前三頭同盟，掌握了羅馬大權。前 49 年，他擊敗
龐培，在共和國實行獨裁統治。前 44 年，凱撒遭以布魯圖斯
所領導的元老院成員暗殺身亡。凱撒身後，其養子屋大維開
創羅馬帝國，並成為第一位帝國皇帝。

　　凱撒雖從未登上過皇位，卻被人常以 "大帝" 相稱，千百
年來歐洲人談論凱撒就如同中國人談論秦始皇那樣。凱撒是
英雄的象徵，是才智的化身。他的姓被用來代表羅馬歷中的
五月，他的名曾被用來代表羅馬皇帝的尊號，但他也是一個
悲劇人物，在元老院被自己親信的人刺殺。

　　為甚麼說凱撒是一位悲劇人物呢？他的悲劇，又是如何
釀成的呢？

輝煌成就使凱撒自我陶醉

凱撒於公元前 102 年誕生在羅馬一個名門貴族家庭，他的父親出任過羅馬大法官，他的叔父出任過羅馬執政官，他的母親則出自另一個羅馬執政官的家族。少年時期，凱撒就有遠大的志向，他善於辭令，工於心計，且為人坦誠熱情。20 歲時，凱撒投身軍旅，作戰英勇，屢立戰功。這不僅增長了凱撒的軍事才幹，也磨練了他的堅毅鬥志。30 歲時，凱撒投身政治。他以自己高貴的出身、俊朗的外表、華麗的服裝、豐富的閱歷及善辯的口才而贏得社會各界的重視，並很快贏得了"慷慨大方，虛懷若谷"的名聲。

32 歲時，凱撒出任羅馬財政官，這使他成為羅馬政壇上的一顆明星。投身政界後，他利用平民對蘇拉寡頭統治的不滿，屢屢質疑當權者的錯誤政策，擴大了個人的政治影響。人們普遍稱讚他慷慨仁慈，忠於朋友，富於同情心。所有這一切，都使凱撒充滿了優越感。

凱撒 40 歲時，出任西班牙總督。在當時的羅馬政壇，有兩個著名人物，一個是龐培，另一個是克拉蘇。他們為了各自的利益勾心鬥角，並爭相拉攏凱撒。凱撒也與龐培和克拉蘇達成秘密協議（史稱"三頭同盟"），規定其中任何一方都不得單獨執掌政權，而要三方協作。這樣，凱撒躋身羅馬政壇三雄之列，成為羅馬的實權人物。42 歲時，凱撒當選為執政官，實現了他夢寐以求的政治夢想。任滿後，他又出任高盧（今法國，比利時一帶）總督。在任內，他利用高盧各部落之間的矛盾，展開了一系列的戰爭活動，征服了大半個高盧，掠奪了大量的戰利品及幾十萬的戰俘，這都使元老院的貴族們大喜過望，不斷給他發賀表，這更增強了凱撒的自我陶醉感。他不再滿足躋身於"羅馬三強"之列，而要向馬其頓的亞歷山大大帝看齊。

凱撒 48 歲時，三巨頭之一的克拉蘇在與帕提亞（今伊朗境內）交戰中陣亡，凱撒的對手僅剩龐培一人。公元前 52 年，龐培的親信殺害了深受平民擁護並同情凱撒的保民官克羅狄，引發平民和被釋奴隸的暴動。元老院的貴族們驚恐萬狀，連忙任命龐培為羅馬獨一無二的執政官。龐培上台後，一方面殘酷鎮壓暴動，另一方面也實行了一系列打擊凱撒勢力的活動。在龐培的影響下，元老院通知正在高盧的凱撒，要他限期交出兵權。凱撒知道這是龐培的陰謀，便提出除非龐培也交出兵權，他是不會主動交出兵權的。由此，元老院宣佈凱撒為人民公敵，並任命龐培為羅馬的保衛者。對此，凱撒毫不示弱，他親率大軍以迅雷不及掩耳之勢挺進羅馬。龐培雖也是身經百戰的將領，卻無法抵抗凱撒的神速進軍，帶領着一批元老院的貴族逃往希臘。就這樣，凱撒佔領了羅馬。在之後的兩年內，凱撒轉戰西班牙、希臘等地，徹底消滅了龐培的勢力。龐培兵敗後逃亡埃及，後被埃及國王托勒密十二世殺死，並將其人頭獻給凱撒。至此，凱撒成了羅馬共和國前所未有的最高主宰。

自我陶醉使凱撒輕視政敵

擊敗對手之後，凱撒被推舉為終身保民官、終身大祭司及為期 10 年的執政官，並被冠以"祖國之父"的稱號。由此，凱撒集軍、政、司法大權於一身，擁有至高無上的權力。不光如此，元老院還規定凱撒可以坐在由黃金象牙雕飾的寶座上處理公務；可以永遠穿着凱旋的服裝致祭；最高行政長官就職時要向凱撒宣誓效忠；並將羅馬歷中的昆提利斯月改為帶有凱撒家族姓氏的朱賴（July）月。由此，凱撒成為羅馬的無冕之王。他的名字成了尊嚴和權力的象徵，他的雕像出現在羅馬城的大街小巷，他的親信遍佈帝國各級政府機構中，他的事跡被人們廣泛地傳誦着。此時，凱撒的功名已超過了他的崇拜偶像──亞歷山大國王。他聽慣了別人對他的頌揚，開始像帝王那樣的發號施令。凱撒的自我陶醉達到了頂點。

由於凱撒的權勢超過了羅馬共和國歷史上任何一位權力人物，元老院的某些貴族對他日益不滿。他們暗中串聯，陰謀刺殺凱撒，其中就有曾是凱撒最親密的同事與戰友的狄西摩斯‧布魯圖斯，還有凱撒的養子──馬可斯‧布魯圖斯。他們經過精心策劃，於公元前44年3月15日邀請凱撒到元老院議事，並每人身藏一把匕首，預謀當場刺殺凱撒。那天，凱撒單身一人來到會議廳，坐到黃金寶座上，就在這時，一個陰謀者跑到他面前，抓住他的紫袍，像是有甚麼事要請求他。之後眾人一擁而上，用短劍刺向凱撒。開始時，凱撒還奮力反抗，但當他看到自視為絕對親信的馬可斯‧布魯圖斯也舉劍向他刺來時，便放棄了抵抗，頹然倒在地下，用紫袍蒙面，聽任他的仇敵亂刺、亂砍，至嚥氣為止。

具有戲劇性的是，凱撒在單身一人奔赴元老院會議廳之前，他就已經得到警告，說這天會有人要謀刺他，但他拒絕帶衛隊，並說：“要衛隊來保護，那是膽小鬼幹的事。”在凱撒奔赴元老院的路上，還有人給他遞上了一個小布條。可由於凱撒太專注於與沿途的羅馬人握手致意，雖一直手握那個布條，卻忘了加以閱讀。後來發現，那個小布條上所寫的內容正是提醒他元老院有人想刺殺他。凱撒一生在對敵鬥爭中絕少失誤，可就是由於這次小小的失誤，使他失去了生命。這都是因為凱撒太自我陶醉了！

凱撒的自負人格分析

從心理學上講，凱撒之所以會死在一批令他平時不上心的小人物手中，這是因為他人格當中存在相當成分的自負。突出表現為：自以為是，輕信他人，喜歡聽恭維之辭，對傷害過自己的人過分寬容。反映在凱撒身上，他早年處事十分謹慎的，但隨着權力的不斷擴大及地位的不斷提高，他變得越來越自負，越來越享受別人對他的讚賞，也越來越喪失了對政敵的警惕。凱撒過分相信自己的寬容，誤以為這一定會得到善意的回報。但在政治鬥爭中，寬恕並不能化解所有的政見衝突。所以，當凱撒發現自己曾多次寬恕並給予極大信任的人也參與其中時，他徹底絕望了，因為他的自負令他無法接受這一事實。

此外，一個人如果長期處於自負人格狀態下，還會形成表演型人格障礙。所謂表演型人格障礙，是指一種過分情感化和用誇張的言行吸引他人注意的人格障礙。這類人感情多變、容易受別人的暗示影響，期望表揚和敬佩，自我陶醉，喜歡表現自我，愛出風頭，有個人英雄主義傾向，極端追求並享受他人對自我的關注。他們常感情用事，用自己的好惡來判斷事物，喜歡幻想，言行與事實往往相差甚遠。反映在凱撒身上，他太迷信個人的領袖魅力與感召力了，自我陶醉使他失去了自知之明，完全沉浸在個人光輝、英勇、寬容大度的英雄形象裏，誤以為沒有人敢挑戰他的權威。可在政治運作中，"眾望所歸"與"眾矢之的"只是一個銅板的兩面，隨時都有可能相互轉化。就在羅馬街頭的人群為他歡呼時，元老院的某些人正在因他的存在而擔憂。

　　凱撒從一個普通貴族榮升到羅馬共和國最有權勢的人物，用了整整 38 年。可他從羅馬最高統帥和執政官到被刺身亡，用了不到一年的時間。凱撒之死，本質上是正由於他陷入自負人格的誤區所導致的。

知識 小鏈接

自負型人格特徵

　　自負型人格的特點是：自以為是，自命不凡，對自己的能力估計過高，慣於把失敗和責任歸咎於他人，在工作和學習上往往言過其實。同時，自負的人又很容易感情用事，待人處事不能正確、客觀地分析形勢，有問題易從個人感情出發，主觀片面性大。持這種人格的人缺乏自我覺察，在家常不能和睦，在外不能與朋友、同事相處融洽，喜歡聽別人的恭維之詞，令他人對他敬而遠之。

3.4 麥克阿瑟——
表演型人格造就的個人譽毀

縱觀麥克阿瑟的一生，可謂是真正的自我表現者，
他無論做甚麼，都要求自己要麼不做，
要做就要做到歷史第一。

麥克阿瑟 (Douglas MacArthur，公元 1880 年－1964 年) 著名軍事家，美國五星上將。1903 年，麥克阿瑟以第一名的成績畢業於美國西點軍校，畢業成績是西點軍校創辦一百年來最好的。第一次世界大戰時任美軍第四十二師師長，1919 年被任命為美國西點軍校校長，是美國陸軍史上最年輕的西點軍校校長。第二次世界大戰時期歷任美國遠東軍司令、西南太平洋戰區盟軍最高司令，代表同盟國接受日本投降。戰後出任駐日盟軍最高司令和"聯合國軍"總司令等職。

縱觀麥克阿瑟的戎馬生涯，他是美國西點軍校最優秀的畢業生，也是戰場上最英勇無畏的將領，一生可謂功勳卓著。同時，麥克阿瑟傲慢自大，愛出風頭，不僅得罪了不少同事，也直接導致了朝鮮戰爭中美軍的慘敗。為甚麼麥克阿瑟會取得輝煌的成就，同時也經歷慘痛的失敗？他的行為處事有甚麼人格特徵？這種特徵又反映了甚麼？

狼一般的性格

麥克阿瑟出身於軍人世家。其父小阿瑟‧麥克阿瑟是美國將軍，是啟發麥克阿瑟成為軍人的人。麥克阿瑟最崇拜的人是他的父親。而他對戰鬥的天然熱愛，也來自於他的父親。美國內戰爆發後，老麥克阿瑟曾參戰，一生最高軍銜是中將，最高職務是美國駐菲律賓首任軍事總督，這就為麥克阿瑟熱愛的戰爭事業搭建了平台。所以，當麥克阿瑟還是個嬰兒時，就開始熟悉軍營生活。麥克阿瑟晚年曾說："我最早的記憶就是軍號聲！而這一切，都是我的父親給我的。我的父親不僅給予我生命，而且給予的一生的職業道路。"

在戎馬生涯中，麥克阿瑟渴望勝利，敢於冒險，骨子裏是一個具有狼一般性格的人。在戰爭中，他打的勝仗，如同狼的捕獲的獵物一樣多。儘管他也曾像狼一樣，有過失敗的捕獵，然而，他卻把失敗的捕獵作為磨練自己技能、增添對成功渴望的手段。心理學看來，狼一般性格，即是對成功有着強烈的，甚至偏執的渴望。居於渴求成功心態的人，在心理上會表現得十分機敏，而在行動上則會果敢而有決斷力。用在麥克阿瑟身上，在他的夢想裏，他就是戰鬥不息的人，永遠要做戰場上的英雄。

第一次世界大戰期間，麥克阿瑟在美軍 42 步兵師（彩虹師）擔任參謀長、旅長等職務。1918 年 2 月中旬，麥克阿瑟率彩虹師開進洛林南部呂內維爾防區的塹壕中。在一次出擊中，他親自指揮一個營向敵軍發起進攻，第一個躍出戰壕，冒着槍林彈雨向前衝去，並高喊："跟我來！"士兵們呼喊着衝了上來，與敵短兵相接，最後奪取了戰鬥的勝利。有一次，他喬裝打扮，手提馬鞭，臉上塗泥，未報告師長就隨法國人的突擊隊去襲擊德軍陣地。戰鬥進行得異常激烈而殘酷，最後大約有 600 名德國人被俘，其中有一名德軍上校是麥克阿瑟用馬鞭擊中擒獲的。還有一次，敵軍進行炮擊，麥克阿瑟鎮靜地坐在指揮所裏，他身邊的參謀人員都為他捏一把汗，他卻説："整個德國還沒造出一發能打死麥克阿瑟的炮彈。"

對於麥克阿瑟這種狼一般的戰鬥精神與渴望勝利的強烈勇氣，他的師長這樣説道："在英雄主義和勇敢行為非常普遍的地方，他的勇敢是很傑出的。"美國另一名著名將領巴頓將軍曾在一封寫給他妻子的信中這麼形容麥克阿瑟："我正好行進在一個旅的陣地上。他們都臥倒在彈坑裏，但麥克阿瑟將軍沒有，他站在一個小高地上……我走過去，一陣炮火向我們襲來……我想兩個人都想離開但又不肯開口，於是我們就等着炮火向我們撲來。"當一發炮彈在他們身邊爆炸，塵土撲面而來時，巴頓直直地站着，但向後退了一步。"別害怕，上校，"麥克阿瑟幽默地説，"你是聽不到打中你的那發炮彈的。"這一天麥克阿瑟在戰場上的表現使他贏得了第 5 枚銀星勳章和巴頓永久的尊敬。巴頓説道："麥克阿瑟是我見過的最勇敢的人。"

在戰爭結束之後，彩虹師師部的參謀們給了麥克阿瑟一個永久的紀念。那是一個金質煙盒，上面的銘文可能是美軍參謀軍官們歷史上獨一無二的："獻給勇敢人群中的最勇者。"

剛愎自用與強烈表現慾

在麥克阿瑟的意識中，一直充滿着強烈的成功慾和表現慾。他那貴族出身的母親從他孩提時起就開始向兒子灌輸功名思想和責任感，這種過高的成就意識雖然對麥克阿瑟成長有着積極的一面，但也造成了一定的消極影響，使得他對那些平凡的工作總是提不起精神。

1903 年 6 月 11 日，年僅 23 歲的麥克阿瑟以平均分數98.14 分的記錄畢業於西點軍校，被分配到工兵部服役，他首先被安排到薩克拉門托和聖華金谷參加一座礦井的管理工作。他認為這項工作索然無味，因而情緒低落，牢騷滿腹，總是抱怨離家太遠。1904 年，麥克阿瑟同第三工兵營一起被派往菲律賓執行任務，歸國後他進入華盛頓的一所高級工程師學校深造。在校學習期間，他有幸成為西奧多·羅斯福總統的兼職低級軍事助手。同枯燥的學習生活相比，白宮裏令人眼花繚亂的社交活動使他興奮不已，以致荒廢了學業。這使得學校校長溫斯洛非常不滿，他向麥克阿瑟所在部隊負責人抱怨："我不得不遺憾地如實報告……麥克阿瑟中尉缺乏職業熱情，他表現平平，比西點軍校的履歷表上所記載的要低能得多。"

從工程學校結業之後，麥克阿瑟被分配到米爾沃基，在賈德森少校手下任職，主要負責擬定工程計劃和監督工程實施情況。這份工作對這位心比天高的年輕人來說，當然不能稱心如意。為了擺脫工作的苦悶，麥克阿瑟經常擅離職守，去陪伴住在附近的父母。為了讓他能集中精力好好工作，賈德森少校決定將他調往距米爾沃基 60 英里的馬尼托沃克。賈德森少校在他的鑒定中寫道："我認為麥克阿瑟中尉在執行任務時，沒有表現出推薦書中所列出的優點，他除了相貌英俊、儀表堂堂以外，所履行的職責無法令人滿意。"

聞聽此事後，麥克阿瑟很是不滿，當即加以反駁："在任職期間，我一直認為自己行為得體，遵守紀律，沒有甚麼出格之處，賈德森少校如此評價令人傷心。如果這樣下去，我認為自己在軍中沒有必要再繼續幹下去了。"麥克阿瑟把這份充滿怒氣的意見書越級上遞給了總工程師馬歇爾準將。馬歇爾準將當場對麥克阿瑟進行了批評，指責他不應越級彙報，說他這種違反規定的行為本身就證明賈德森少校的報告是正確的。

麥克阿瑟最鮮明的個人特點就是好大喜功、傲慢驕人。美國總統杜魯門就曾經稱麥克阿瑟為"虛榮自大、高官厚祿的五星麥克阿瑟將軍"。而杜魯門說這句話的時候，太平洋戰爭還沒有結束，麥克阿瑟還是美國太平洋戰區的總司令，正處於他一生聲望的頂點。

麥克阿瑟有時候會表現出絕對的傲慢和剛愎自用，一旦定下決心，就再也不願聽到"行不通"或"也許行得通"之類的話。麥克阿瑟也為此而付出沉重代價。

朝鮮戰爭期間，麥克阿瑟被任命為"聯合國軍"總司令，指揮以美軍為主的聯合國部隊進攻朝鮮。在擴大的戰火面前，中國總理周恩來以明確的語氣宣佈："如果美軍越過三八線，我們將出兵參戰。"面對周恩來的警告，自大的麥克阿瑟並沒有放在心上，而是傲慢地說："中國共產黨人敢出兵，我立刻炸斷鴨綠江上所有的橋樑，除非他們游過鴨綠江。"美國參謀長聯席會議主席布萊德雷則認為這樣的軍事判斷太盲目自大了，他提醒麥克阿瑟："將軍，現在是北朝鮮的冬季，鴨綠江會封凍的。"麥克阿瑟卻不願意聽見"不行"二字，堅持認為："據我本人軍事上的估計，是沒有任何一個中國軍事指揮官會冒這樣的風險，把大量兵力投入已被破壞殆盡的朝鮮半島的。他們要冒的由於給養短缺而毀滅的風險就太大了。朝鮮冬季多雪，就請他們吃雪吧！中國軍隊就是過了江，我也會炸斷他們每條供給線。"麥克阿瑟同時還認為朝鮮戰事將在感恩節前結束，稱要讓美國士兵回家過這個傳統節日。

1950 年 10 月 19 日，中國人民志願軍第 42 軍率先渡過鴨綠江入朝作戰，並且很快取得了第一次戰役的勝利。在第一次戰役慘敗之後，麥克阿瑟依然堅持中國出兵只是象徵性的，並不值得擔憂。1950 年 11 月 24 日，麥克阿瑟在東京一號大樓得意洋洋地向新聞界公佈了一項他的戰爭計劃：前進到鴨綠江畔，合圍朝鮮人民軍主力，結束朝鮮戰爭。他的最新宣稱是，要讓美軍士兵"回家過聖誕節"。結果，中國人民志願軍於 11 月 25 日發動了第二次戰役，迫使美韓軍隊全線南撤至三八線，12 月 5 日更是棄守已經佔領的平壤。1950 年 12 月 31 日，中朝軍隊發起第三次戰役，推進至三八線以南 50 英里處，攻克漢城。

在巨大的失利面前，1951 年 4 月 11 日，杜魯門決定免除麥克阿瑟的最高司令官職務，而頗具諷刺意味的是，這項命令是麥克阿瑟在無線電廣播中與全世界民眾一起知悉的，這無疑是對他的一個最大羞辱。朝鮮戰爭的失利，也就此成為"戰神"麥克阿瑟軍人史上一個無法抹去的污點。接替麥克阿瑟的克拉克將軍在板門店協議上簽字後沮喪地說："我成了美國歷史上第一個在沒有取得勝利的停戰協議上簽字的陸軍司令官，我感到一種失望的痛苦。"而美軍的失望和羞辱正是麥克阿瑟的驕傲造成的。

麥克阿瑟的表演型人格分析

麥克阿瑟的人格特徵非常有趣，他傲慢、自大、想像力豐富、善於自我表現，同時也勤奮、獨立、富於創造性、敢於冒險，不折不扣的是一名典型美國人的代表。在對美國人性格的刻畫中，心理學家一般都會使用如精力充沛、動力十足、近乎愚蠢的樂觀主義、宗教狂熱、傲慢自大、救世主情懷等詞彙來形容。這就和中國人性格中保守、謙虛、約束、謹慎、集體主義等形成鮮明的對比。而蘊涵在美國人性格中的一個共同點，就是他們均十分熱衷於自我表現。

在 1980 年代以前，社會心理學家一般把自我表現看作一個邊緣概念，自我表現理論或者被看作是對研究過程的一種干擾，或者被看作主要是與廣告、商業或政治有關的一個應用課題。它很少被看作是一個基本的人際過程。從 1980 年代開始，對自我表現的概念分析出現了明顯的變化。在社會心理學中，人們把自覺的印象控制過程稱作自我表現，自我表現是人與人之間相互作用的一個基本方面。在現實社會中，人們經常有意識地去按照一定的模式表現自己，以便給別人留下一個自己所期望的印象，並藉此達到某一預定的目的。社會心理學家高夫曼（Goffman）更是進一步把人們看作是生活舞台上的演員，把人際行為看作是參加者的自我表現。他指出："當個體出現在他人面前時，通常總是有某些理由去推動他的行動，以便這種行為向他人傳遞出符合他個人利益的形象。"

縱觀麥克阿瑟的一生，可謂是真正的自我表現者，他無論做甚麼，都要求自己要麼不做，要做就要做到歷史第一。他在西點軍校學習時的考試成績到現在還無人可破；他是美軍歷史上最年輕的將軍，並且是獲勛最多的將軍，達到了 22 枚；他是最年輕的美國陸軍參謀長；最年輕的四星將軍；擔任美國奧林匹克委員會主席期間，取得的成績又是有史以來的最好；他曾被菲律賓授予元帥軍銜，是美軍中唯一被外國授銜為元帥的人；二戰中，他曾任美軍遠東部隊總司令、太平洋西南戰區司令、盟軍總司令；戰後，他改造日本計劃又創造了史無前例的經濟奇跡；直到他生命終結前的一天還出版了回憶錄。這種強烈的自我表現慾，即便是在美國人中間，也是出類拔萃的。

知識 小鏈接

表演型人格的診斷

依據《中國精神疾病診斷標準》表演型人格的診斷標準如下：

1. 符合人格障礙的診斷標準；

2. 以過分的感情用事或誇張言行，吸引他人的注意為特點，並至少有下列 3 項：

　　(1) 富於自我表演性、戲劇性、誇張性地表達情感；

　　(2) 膚淺和易變的情感；

　　(3) 自我中心，自我放縱和不為他人着想；

　　(4) 追求刺激和以自己為注意中心的活動；

　　(5) 不斷渴望受到讚賞，情感易受傷害；

　　(6) 過分關心軀體的性感，以滿足自己的需要；

　　(7) 暗示性高，易受他人影響。

第四章
自我認知

　　自我（Self）是個體對自己存在的察覺，即自己認識自己的一切。自信（Self-confidence）是個體對自己的情緒體驗，反映個體對自己所持有的積極態度。自卑（Inferiority）則是指自我評價偏低，自卑感在個人心理發展中有舉足輕重的作用。在自我發展的過程中，個體會通過「補償作用」對抗自卑感。適當和積極地補償可以成為推動一個人追求卓越目標，獲得自信自尊的基本動力，而過度的補償也會使人產生人格的扭曲和分裂。

4.1 勾踐——
超強的心理防禦機制

勾踐長期生活在緊張、屈辱的狀態下，
其人格扭曲非同尋常。所以，他在得勢之後，
會將同樣的忍耐轉化成同樣的寡恩。

　　勾踐，生年不詳，中國春秋後期的越國君主，前 497—
前 465 年在位。勾踐即位後，吳越兩國交惡。先是吳王闔閭
戰敗受傷而死，後來，吳王夫差為其父復仇，打敗了越國，
勾踐被擒。勾踐向越國臣民下詔罪己，然後去吳國給夫差作
奴僕，親嘗糞便，最終騙得夫差的信任，3 年後被釋放回越
國。勾踐回國後發誓復仇滅吳，臥薪嘗膽，休養生息，重用
范蠡、文種等人，"十年生聚、十年教訓"。前 482 年，勾踐
攻入吳都，殺吳太子，夫差投降求和。前 473 年，越軍再度
攻吳，圍困吳都三年，夫差求降不得而自殺，吳亡。

　　千百年來，越王勾踐臥薪嘗膽的故事成了中國人謀事的
典範。正如老子所云：處下、柔弱，才是生存之道。為甚麼
勾踐可以忍別人所不忍，做別人所不做的事情呢？為甚麼說
勾踐為了復國而忍辱負重，是壓抑自己的性情，扭曲自己的
人格呢？勾踐忍辱負重終而復國，對於現代人，又有甚麼啟
發與教訓呢？

勾踐的心理調適能力

在中國歷史上，越王勾踐和謀臣范蠡可謂是兩個里程碑式的人物。勾踐作為一個戰敗的諸侯國君主，為了復國忍辱負重、臥薪嚐膽，不惜以君主的身份屈尊服侍吳王，還進獻西施，這在中國歷史上開了一個先河。

公元前 492 年 5 月，勾踐採納大臣范蠡的意見，率妻子和范蠡親去吳國作人質，伺候夫差。抵達吳都後，夫差有意羞辱他，要他住在闔閭墳前的一個小石屋裏守墳餵馬，有時騎馬出門還故意要他牽馬在國人面前走過。勾踐忍辱負重，自稱賤臣，對吳王執禮極恭，吃粗糧、睡馬房、服苦役，勝過夫差手下的僕役。此外，夫差生病，勾踐前去問候，還掀開馬桶蓋觀察夫差剛拉的大便，體貼夫差的病情，並"三年不慍怒，無恨色"。這，決非一般人能做到。

就精神分析理論而言，勾踐的自我心理調適能力極強，方可為常人所不及。所謂心理調適，又稱心理調整，指的是當一個人在遭遇挫折或失敗後，及時、自覺地改變或強化自己的人生奮鬥目標，降低或強化自己的期望值，使自己的心理狀態和行為活動適應於主、客觀環境的變化，使自己的心理健康得到保證。其積極的意義在於能夠使主體在遭受困難與挫折後減輕或免除精神壓力，恢復心理平衡，甚至激發主體的主觀能動性，激勵主體以頑強的毅力克服困難，戰勝挫折。消極的意義在於使主體可能因壓力的緩解而自足，或出現退縮甚至恐懼而導致心理疾病。勾踐的心理調適主要表現在四種防禦機制上：

一是昇華苦痛。昇華就是指通過轉移行為的目標到另一更高的或更有價值的行為上，以滿足自己的某種慾望。勾踐能放棄一國君主的尊貴，前去吳國為奴，便是其突出表現，也印證了別林斯基所說的"不幸是一所最好的大學"。

二是自圓其說。自圓其說即合理化，指的是利用各種理由或藉口，強調自己的行為動機，以取得他人或社會對自己的認可。最常見的合理化有兩種，即"酸葡萄效應"和"甜檸檬效應"。前者的含義是指自己達不到的目標或不具備的東西，就解釋為自己不喜歡或本來就不打算去做。後者的含義是指誇大自己既得東西的好處或長處，縮小它們的不足之處，以減輕自己的心理負擔。

三是補償。補償是指自己因某方面的不足而無法達到某種目標所引起的挫折感或失敗感，可以通過發揮自己的優勢和特長，用達到另一目標的方式來消除。"失之東隅，收之桑榆"、"東方不亮西方亮"等就是這個道理。

四是幻想。幻想是指通過自己的想像，來滿足自己的某種慾望，以此擺脫心理上的痛苦。

在每次蒙受屈辱時，勾踐都能以自己特有的思維方式來加以撫平，以至於最後變得越是屈辱，越是堅強。可以說，勾踐的心理調適能力是空前的。正是憑藉着這超強的自我力量，勾踐將自己的生活享樂和慾望降低至最低點，使夫差堅信自己確已真心臣服。終於夫差不聽伍子胥的諫言，放勾踐夫婦和范蠡回國。

勾踐寡恩的根源

越王勾踐成功復國，最大的功臣非范蠡莫屬。但是兩人後來的關係也為中國的君臣關係開了一個極壞的先河——君臣只可共謀天下，不可共享天下。這為後來的王朝開創者 "殺功臣、虐勇將" 提供了心理上的依據。通觀中國歷史，大多數開國君主均或多或少地迫害過功臣，而君主寡恩的始作俑者可謂勾踐。

想當年，越國兵敗，勾踐採納范蠡委曲求全、以退為進的計謀，卑辭厚禮向吳王求和。在勾踐賤居吳國的三年間，范蠡始終陪伴在側，飽受屈辱。其間勾踐多次想放棄，都被范蠡阻止住了。可以説，沒有范蠡的智慧和情義，勾踐根本無法實現自己的理想。但勾踐復國後，范蠡卻不敢與勾踐共享勝利的果實，而是主動退隱江湖。范蠡的功成身退，成就了勾踐的寡恩。范蠡在謀天下時，要求勾踐主動退讓；而在謀得天下後，自己主動退讓。對此，范蠡自己的解釋是，勾踐不是那種可以共享天下之人，所以與其等他來收拾自己，倒不如自己先離去。不光如此，他還託人帶了一封信給文種，勸文種也隱退，以免招災惹禍。范蠡這樣的做法，與其説預測了勾踐的心機，倒不如説縱容了他的寡恩。

換言之，勾踐本也想成為一代明君，范蠡大可不必一開始就着力防範其人性的陰暗面。從某種程度上來講，勾踐的陰險正是范蠡成就的。可惜范蠡不懂得運用恰當的方式引導君主以維護自身利益，反而以一走了之求得自保，這不但使勾踐真的變成一個惡人，還為後來的開國皇帝虐待功臣，提供了絕妙的理由。

勾踐的太監心理分析

勾踐為了復國，高度壓抑自己的性情，人格長期處於扭曲狀態。這種為達目的，不惜一切壓抑的做法，有可能導致太監心理的形成。

金庸先生的《笑傲江湖》中，有好幾位江湖高手為了練成最高層次的武功，不惜"揮刀自宮"，變成一個闍人。這個現象具有某種象徵意義，那就是男人一旦捨棄了他最重要的東西，他必然會專心致志去做一件事，希望在別的方面得到補償，以證明他比一般的男人還像一個男人。生殖器承載了男人人生最高的榮耀和最重要的快樂，連這些東西都不要了，那麼所希望得到的補償絕非俗世的金錢能衡量的。因此，太監在犧牲男人的尊嚴之後，具有一種極強的補償心理，感覺自己一輩子所得都不足以補償自己所失去的。他們比普通人的權力慾更強，更善於弄權，得到權力後更加狠毒殘酷，貪婪無比，且復仇心理極強。如此，他們的心理上才能獲得一種平衡。勾踐長期生活在緊張、屈辱的狀態下，其人格扭曲非同尋常。所以，他在得勢之後，會將同樣的忍耐轉化成同樣的寡恩。

換言之，勾踐恩將仇報其實是自尊的補償心理在作怪，在將敵人消滅後，知道他的自尊受損的只有身邊最親近的人，於是這種自尊的補償心理轉向了親信，悲劇就發生了。這，就是太監心理的惡果，也是勾踐寡恩的心理原因。

知識 小鏈接

壓抑對人格的扭曲作用

　　壓抑是個體把意識所不能接受的衝動、情感經驗等排斥於個人意識領域之外，使其不能為自己所覺知，以解除自己心理上的負擔與緊張。按照弗洛伊德的觀點，被壓抑的痛苦經驗或衝突並未真正消失，只是由意識轉入潛意識，並且常以偽裝的方式表現出來，以求得暫時或象徵性的滿足。壓抑是一種重要的防衛性適應方式。它可能幫助當事人控制某些不適當的衝動，暫時避免嚴重的心理衝突，待有能力時再作出應付或適應。但是潛意識中蘊藏的痛苦經驗與被壓抑的衝動過高，超過了意識管制的能力時，個人的人格就會發生變態，出現心理失常或心理疾病。

4.2 曹操——
豁達與猜疑的雙重人格

曹操是一代奸雄，有氣吞萬里之志，定國安邦之才。
然而在曹操的心理世界中，自卑感是隱性的，
優越感是外在的。

曹操（公元 155—220 年），東漢末年著名的政治家、軍事家、文學家。本姓夏侯，字孟德，小名阿瞞，沛國譙郡（今安徽亳縣）人。曹操青年時期就非常有才能，當時的大名士許邵就曾經評價他是"治世之能臣，亂世之奸雄"。建安元年（196）曹操迎漢獻帝都許（今河南許昌），挾天子以令諸侯，先後削平呂布、袁紹等割據勢力，逐漸統一了中國北方。建安十三年（208），曹操進位為丞相，率軍南下，被孫權和劉備的聯軍擊敗於赤壁，未能實現統一天下之志。後封魏王。死後不久，子曹丕代漢稱帝，建國號魏，追尊曹操為魏武帝。

曹操在漢末歷史舞台上從舉孝廉踏上仕途開始，一路南征北戰，挾天子以令諸侯，所傳下的英雄故事，時時令後人感慨莫歎。為甚麼曹操可以取得如此的歷史功績？在他成功的背後，又是甚麼樣的性格特徵決定了他的命運？為甚麼後人對曹操的評價各有千秋？曹操到底是能臣，還是奸雄呢？

曹操外在的樂觀人格

豁達自信、不拘小節，是曹操最突出的人格特徵。所謂文如其人，曹操非凡的文學造詣突顯了他的這一特點。《典論・自敍》記載："上雅好詩書文籍，雖在軍旅，手不釋卷。每每定省，從容常言：人少好學，則思專，長則善忘；長大而能勤學者，唯吾與袁伯業耳。"《三國誌・魏書》又說："太祖御軍三十餘年，手不捨書。晝則講武策，夜則思經傳。登高必賦，及造新詩，被之管弦，皆成樂章。"讀曹操的詩，從"對酒當歌，人生幾何，譬如朝露，去日苦多。"到"老驥伏櫪，志在千里。烈士暮年，壯心不已。"一個豁達自信的曹操彷彿就站在我們面前。

曹操的這一性格本身並無特別之處，難得的是往往在逆境中凸顯出其價值。《三國誌・武帝紀註》記載："公將過河，前隊適渡，超等奄至，公猶坐胡牀不起。張郃等見事急，共引公入船。河水急，比渡，流四五里，超等騎追射之，矢下如雨。諸將見軍敗，不知公所在，皆惶懼，至見，乃悲喜，或流涕。公大笑曰：'今日幾為小賊所困乎？'"兵敗之際，毫無頹態，反而大笑，大概也只有曹操可以做到。可以想像，當時軍心低落，主帥的態度直接決定了士兵能否振作起來。一聲大笑，一番狂語，有如冰天雪地裏的一堆篝火，不僅會給將士們帶來溫暖，還能夠鼓舞士氣，這才是優秀主帥的風範。

樂觀豁達的心態，使曹操對複雜險惡的環境有很強的心理適應能力，善於排遣和化解由挫折失敗所帶來的煩惱和痛苦。在汴水之戰、洧水突圍、濮陽之爭、赤壁鏖兵、渭南之役中，他都先陷入絕境而後又死裏逃生。但是，曹操始終方寸不亂，一旦脫離險境，或自我解嘲以求心理平衡；或放聲大笑以蔑視對手，然後是吸取教訓，重整旗鼓，表現出敗而不餒的頑強精神。

相比之下，曹操的政敵袁術、袁紹、劉備等人在逆境中的心理承受能力相形見絀。袁術敗退淮南，"嘔血斗餘而死"；袁紹官渡會戰喪師十萬，"自軍破後發病嘔血"，"憂死"；夷陵之戰，劉備"大敗壞，忿恥發病死"。這三位的心理承受能力比起曹操來，真是相去甚遠。

曹操的樂觀豁達還表現在他對自己欣賞的人極為寬容。例如，袁紹的謀士陳琳在聲討曹操的檄文當中，把他祖孫三代罵了個狗血噴頭。對此，曹操不僅不生氣，反而從純文學的角度來加以欣賞。後來曹操擊敗袁紹俘獲陳琳時，也未加追究，而是委以重任。荊中名士彌衡來到曹操帳下，對曹操及其屬下極盡貶低、侮辱和諷刺，曹操制止其屬下欲殺彌衡的舉動，將其禮送出門。再如關羽，本為劉備部屬，"曹公擒羽以歸，拜為偏將軍，禮之甚厚。"後來關羽離開曹操，追尋劉備而去，左右欲追之，曹操甚讚其義，對左右說："彼各為其主，勿追也。"（《三國誌·蜀書六》）這些都在歷史上為他留下禮賢下士的美譽。

除此以外，曹操對自己的妻室也表現出極大的寬容。如，他後來的正妻卞氏出身於倡優之家，侍妾尹夫人、杜夫人原為有夫有子之婦，帶着兒子嫁給曹操。尹夫人原為呂布屬下秦祿之妻，攜子秦朗改嫁曹操，又生曹矩。秦朗與曹操之孫曹睿年紀相仿，在曹睿執政時授以內官，升為驃騎將軍、給事中。杜夫人原為大將軍何進兒媳，攜子何晏改嫁曹操，又生子曹林和曹袞。曹操對這些養子如同親生，從不歧視，常在宴會中向客人介紹他們說：“世人有誰像我這般疼愛養子？”這在中國歷史上幾乎是絕無僅有的。

其實，曹操的人格中也有相當的自戀成分（這在後面將另作描述），但這並不影響他豁達從容的一面。曹操是典型的多重人格類型者，這當中既有遺傳因素的影響，也有環境因素的作用。

曹操內在的自卑人格

曹操豁達樂觀的另一面，確有一種深深的自卑感。在曹操的心理世界中，自卑感是隱性的，優越感是外在的。自卑感是卓越人的靈魂疾病，日本著名學者關計夫就曾說過：“全然沒有自卑感也就決不可能成為一個卓越的人”。自卑同時也是自我意識偏離後所產生的一種情緒體驗，以及在這種情緒支配之下擔心失去他人尊重的心理狀態。

曹操自卑感的源頭，來自其不明不白的身世。這一身世最終形成了曹操多疑、暴戾殘忍、喜怒無常的奸雄脾性。曹操的父親是曹嵩，而曹嵩是宦官曹騰的養子。《三國誌·武帝紀》說：“曹騰為中常侍大長秋，封費亭侯。養子嵩嗣，官至太尉，莫能審其生出本末。”這“中常侍”是宦官頭銜，也即是說曹操出自宦官家庭，祖父曹騰是個大宦官，父親曹嵩雖做到太尉的高官，但身世不明，是宦官收養的兒子。宦官歷來是最為社會所歧視的階層，東漢年間，宦官亂政弄權，尤為世人所不齒。那些出身名門的官僚士大夫就更看不起這些宦官子嗣了。名士宗世林對曹操的態度是：“甚薄其人，不與之交”。後來曹操官至司空，總朝政，從容問宗曰：“可以交未？"答曰："松柏之志猶存。"可見成見之深。袁紹出身名門望族，官渡之戰時，命文書陳琳寫了一篇聲討曹操的檄文，雖然後來陳琳因這篇檄文的文采而得到曹操的賞識，但在看到這篇檄文的當下，曹操還是悚然汗出，一躍而起。因為陳琳在檄文開頭，就直指曹操的痛處："司空曹操祖父騰，故中常侍，與左悺、徐璜並作妖孽，饕餮放橫，傷化虐人。父嵩，乞丐攜養……操贅閹遺醜，本無令德，僄狡鋒俠，好亂樂禍。"由此可見，宦官家族自卑感的無意識滲透，深深影響着曹操的心靈。

曹操的自卑還來自於他的相貌。漢魏時期，很重視人的形貌和風姿，所以形貌上的不足，也給曹操帶來抹不去的自卑感。曹操個子不高，相貌也並不出彩，"為人佻易無威重"，以至於連官方的《三國誌》都沒有對曹操有過相貌上的描述。而同時代其他人物的相貌在史書中都給予了正面描寫，比如袁紹"有姿貌威容"；劉表"少知名，號八俊。長八尺餘，姿貌甚偉"；劉備"身長七尺五寸，垂手過膝，顧自見其耳"；孫權"方頤大口，碧眼紫髯"。曹操與他們相比，就相形見絀了。《世說新語》記載了一個故事："魏武（即魏武帝曹操）將見匈奴使，自以形陋，不足雄遠國，使崔季珪代，帝自捉刀立牀頭。"因嫌自己醜陋而找人做替身，足見曹操因形象不佳而產生的自卑感頗為嚴重。

曹操的雙重人格分析

曹操作為一代奸雄，一方面有着超強的自信和豁達，另一方面又有着極端的自卑和猜疑。這使得他可以在很快時間內調整自己的人格狀態，以求最大的利益回報。

在豁達人格的驅動之下，曹操可以做出常人做不出的事情來。如官渡之戰結束後，曹操發現營中有不少人與袁紹暗通款曲，但他毅然決定不予追究，當眾將從袁營查獲的信件焚燬。因為他很清楚，如果要清算和袁紹有來往的人，恐怕自己的手下有一半都保不住。何況當時敵強我弱，有些人不一定是勾結袁紹，可能只是想自己留一條後路罷了。而對於大戰方息的曹操軍團來說，內耗無異於自取滅亡。若既往不咎，小可收買人心，大可穩定局面，一舉兩得。可見曹操的頭腦是很冷靜的，狹隘之輩絕對做不到這一點，那麼如此魄力從哪裏來？還是要歸功於他的豁達自信。

而在自卑心理的驅使下，曹操的內心深處可以是十分猜疑的，提防心很重，可以為保護自身的利益而不擇手段地傷害他人，事後不會有任何愧疚。如《三國誌》轉引《世語》記載：“太祖（指曹操）過伯奢（呂伯奢）。伯奢出行，五子皆在，備賓主禮。太祖自以背卓命（指自己被通緝），疑其圖己，手劍夜殺八人而去……”既而悽愴曰：‘寧我負人，毋人負我！’遂行。”簡單幾字，將曹操的冷酷殘忍、猜忌多疑，鮮明地展示了出來。

由此我們說，曹孟德與曹阿瞞可謂是兩個不同的人，他樂觀豁達時是為曹孟德，猜忌多疑時是為曹阿瞞。從精神分析理論而言，曹操的自我力量（ego strength）極強，可以隨時變換自我的表現狀態。廈門大學的易中天教授曾品曹操說：“曹操，他大氣、深沉、豁達、豪爽、灑脫、風趣、機敏、隨和、詭譎、狡詐、冷酷、殘忍，實在是一個極為豐富、多面，極有個性又極富戲劇性的人物。”

培養樂觀 10 大招

1. 學會多笑——笑還可以使肺部擴張，促進血液循環。

2. 學會忘記——盡量將已經過去的煩惱驅除出大腦。

3. 學會幽默——發現快樂，以從容面對生活的不快與煩惱。

4. 增強自信——在生活實踐中增強自信，尋求成功體驗。

5. 增強交往——促進人際關係，多與人分享自己的苦與樂。

6. 增強運動——在文體活動中化解煩惱。

7. 尋求榜樣——尋找生活中的樂觀高手，以此榜樣來改變自己。

8. 神交古人——尋找古今中外的樂觀高手，以閱讀他們的傳記來改變自己。

9. 培養興趣——培養廣泛的興趣，增強生活的樂趣。

10. 加強應對——增強應對技巧，不同問題以不同方式解決。

4.3 趙構——
生理陽痿導致人格陽痿

趙構一方面不敢對強敵金人說"不"字；
另一方面，他又對嫉賢妒能，殺害抗敵英雄。
而這一切都注定了南宋朝廷的命數。

　　趙構（公元 1107－1187 年），即宋高宗，南宋開國皇帝，
北宋皇帝宋徽宗第九子，宋欽宗之弟。靖康二年（1127）金兵
俘徽、欽二宗北去後，趙構於南京應天府（今河南商丘）即
位，改元建炎。後定都臨安（今浙江杭州），建立南宋政權。
統治初年，他雖迫於形勢以岳飛、韓世忠等大將抗金，但旋
即重用投降派秦檜。後以割地、納貢、稱臣等屈辱條件向金
人乞降求和，收韓世忠等三大將兵權，殺害岳飛。趙構在位
36 年，禪位給養子趙昚（孝宗），但仍以太上皇身份遙控朝政
20 餘年，終成南宋偏安之局。

　　事實上，趙構年輕的時候，是一位胸懷大志，力主抗
金的親王，可是為甚麼在他做了皇帝之後，轉變成懦弱君主
呢？是甚麼心理因素導致了他的這種人生轉變？他又為甚麼
要殺害岳飛呢？

從堅持抗金到苟且偏安

趙構生於北宋大觀元年（1107），為徽宗第九子，封康王。其生母韋氏是一個地位較低的嬪妃，不受徽宗的寵愛。趙構本與皇位無緣，但在靖康之變中，趙宋宗室多被金兵擄去，惟有趙構成了漏網之魚，所以"中興之主"的位子非他莫屬。

年輕時趙構文武雙全，《宋史·高宗本紀》記載："（趙構）資性朗悟，博學強記，讀書日誦千餘言，挽弓至一石五斗。"靖康元年正月，金兵攻至開封城下。宋欽宗向金求和，金人要求"割太原、中山、河間三鎮，遣宰臣授地，親王送大軍過河。"實際是以親王為人質。宋欽宗於是下詔徵求使者，趙構倒有一股銳氣，自願請行。他在金營"意氣閑暇"，以致被金人懷疑身份有假，要求換肅王為人質，他才得以脫身。此後，趙構又再度北上與金人談判，雖未能成行，但在危難之中出任河北兵馬大元帥等職，負責組織抗金。直至靖康二年，在大宋朝亡國的危急時刻，趙構在應天府（今河南商丘）登基稱帝。登基初期，他起用抗戰派李綱為相，以宗澤作為開封的留守官員，發動軍民抗金。那時趙構很想收復中原，對岳飛等抗金將領獎勵有加，曾為岳飛手書"精忠岳飛"四個字，託以"中興大業"。

此後的數年裏，隨着金兵的南侵，高宗被迫輾轉於東南沿海地區，甚至一度逃到海上避難，最終在臨安（今杭州市）定都。隨着自己帝位的逐漸穩固，他變得畏敵如虎，為保皇位而一味求和苟安。他否定了張浚"權都建康，漸圖恢復"的建議，也不支持宗澤渡河北伐的主張。並大量啟用投降派官員黃潛善、汪伯彥等人，把宋軍防線由黃河一線南移至淮河一線。使得金兵輕易渡過黃河，在不到三個月之內即佔領了西自秦州、東至青州的廣大地區。而當岳飛、韓世忠等將領成功阻擊金兵，掃平內亂，趙構坐穩江山後，便徹底不思進取了。在這種形勢下，秦檜等人的投降主張和路線就很合趙構的胃口。他在宋軍連戰連捷的優勢情況下，以勝求和。下令岳飛等人撤兵，收其兵權。後於 1141 年，不惜自毀長城，批准秦檜以"莫須有"的罪名殺害岳飛等抗金將領。並與金簽署屈辱的"紹興和議"，包括了宋向金稱臣、割讓土地、每年向金進貢財物等內容。此時的趙構，已經完全沒了當初的銳氣。當時有一位詩人林升曾題詩《題臨安邸》諷刺當朝的統治者："山外青山樓外樓，西湖歌舞幾時休？暖風熏得遊人醉，直把杭州做汴州。"

生理陽痿導致人格陽痿

趙構為何從主張抗金到對金如此奴顏婢膝，一味苟且偏安？變得一點男子漢氣概都沒有？這在一定程度上，是趙構的生理陽痿所致。

趙構年輕時曾生育過兒女各一，但後來因陽痿而不再生育。據《宋史》記載：建炎三年初，高宗在揚州避難。二月，金兵奔襲揚州，宋軍潰敗，前鋒距離揚州城僅有數十里。高宗慌忙帶領少數隨從乘馬出城，顧不得天氣寒冷，急馳至瓜洲渡江逃跑，匆忙之中連太祖的牌位都丟失了。從史書記載和醫學常識分析，這次突如其來的驚嚇，使得高宗患上了嚴重的陽痿，並從此失去了生育能力。

現代醫學認為，陽痿可分為原發性和繼發性。原發性是指生來就沒有性能力，而繼發性曾有正常的性能力，而因某突然事件而失去了性能力。趙構就是由心理原因造成的繼發性陽痿，但其嚴重程度卻幾乎等同於原發性。性心理學的創始者靄理斯（Havelock Ellis）指出，正常男子長時期失去性能力會使男性形成嚴重的自卑情結，甚至有可能使男性產生性自虐或虐待他人的行為，藉以發洩其性挫敗感。自尊是人的基本需要之一，當男性發現自己有了這個毛病之後便開始通過對女性配偶的施虐或者其他一些畸形方式來顯示自己的"外強"，用來掩飾自己內心的"中乾"，心理學稱之為補償作用。作為一國之君的趙構自患陽痿後，不斷納妃，特別是其晚年，納取的妃子盡是二八妙齡的少女，這也是其因失去性能力心理扭曲的典型表現。

岳飛本是一位天才的軍事家，是上天賜予南宋的救星，是大宋復國的希望所在。可惜統治者最需要的是奴才，而不是將才，有傑出才能而又有傲骨的岳飛是不能為其所容的。假設岳家軍真的"直搗黃龍府"，救回徽宗、欽宗皇帝，高宗又該怎麼辦？倘若岳飛真的滅了金國，功高權重，會不會興兵謀反？趙構不能沒有自己的小算盤，他權衡來權衡去，只有簽訂"和議"最保險。儘管偏安一隅，儘管要用大量財物進貢金國，但父親和兄長不能來爭奪皇位，臣下手中也沒有重兵，這不就天下太平了麼。處死岳飛，就是向金國表示求和的誠意，趙構斷然與秦檜站到了一起。

拋開這些政治因素不談，趙構殺岳飛的另一個原因是其潛意識中深刻存在但不願意承認的，那就是趙構對岳飛的嫉妒心理在作怪。趙構因陽痿而在一定程度上喪失雄性特徵，成為了半個太監。這也使他在心理上認同太監心態——自卑、敏感、矯情、狠毒、女性化。與此相反，岳飛則因為在疆場上屢屢得手而成為國人心目中的超級英雄，這種反差也會令趙構備感不適。所以，我們有理由懷疑，趙構批准秦檜殺岳飛，也與他扭曲心態有關。

宋高宗的陽痿補償心理分析

精神性陽痿導致了自卑情結正是宋高宗人格改變的心理機制。所謂自卑情結（inferiority complex），指的是自我評價偏低。按照心理學家阿德勒（A. Adler）的理論，自卑感在個人心理發展中有舉足輕重的作用。阿德勒認為，每個人都有先天的生理或心理缺欠，這就決定了人們的潛意識中都有自卑感存在。每個人解決其自卑感的方式影響他的行為模式，許多精神病理現象的發生與對自卑感處理不當有關。

自卑者往往有很強的自尊心，這種自尊心又同個人失敗、落後的現實相衝突。矛盾長期得不到解決，自尊心得不到滿足便轉化為自卑。自卑可有多種表現方式，最明顯的表現是退縮或過分地爭強好勝。而趙構在兩個方面都有“極佳表現”：一方面，他不敢對強敵金人說“不”字，甘願向敵人稱臣納貢；另一方面，在自己掌握的一畝三分地上，嫉賢妒能，殺害保家衛國的抗敵英雄。

至此，趙構生理陽痿轉化為人格陽痿的心理軌跡已一清二楚了：因陽痿而自卑，因自卑而造成心理扭曲，因心理扭曲而誤了整個南宋政權。因生理原因造成的自卑源自其“以偏概全”的錯誤認知：一樣不行就全盤否定自己。試想，趙

構如果生在當代，及早求助心理醫生，那麼南宋的命運也許
是另外一幅樣子。

知識 小鏈接

補償作用

補償從廣義上講是以成功的行動替換原先失敗的行動，或對原來行動的不足之處加以補充，使之完美。更確切地説，補償即指個人由於生理上的傷殘或其他方面的不幸給精神上造成很大的痛苦，感覺低人一等，從而奮發圖強，發揮其他方面的優勢，是一定能力的缺陷由其他高度發展的能力所彌補。奧地利精神病學家阿德勒認為人生來追求權力和優越感，根源就在於補償幼年時候無能帶來的自卑感。補償作用對人格發展有非常積極的影響，但過度的補償則會導致人格扭曲。

4.4 諾貝爾——
情場失意源於自卑情結

愛情應該滋潤人的心田，愉悅人的心情，
並使人更加自尊自信。愛情如果使人長期生活在
自卑的體驗中，當是對愛情本身的莫大諷刺！

　　諾貝爾（Alfred Bernhard Nobel，公元 1833－1896 年），瑞典著名化學家、工業家、硝化甘油炸藥發明人。諾貝爾生於瑞典的斯德哥爾摩。他一生致力於炸藥的研究，在硝化甘油的研究方面取得了重大成就。他不僅從事理論研究，而且進行工業實踐。他一生共獲得技術發明專利 598 項，並在世界多個國家開設了約 100 家公司和工廠，積累了巨額財富。但是，諾貝爾沒有妻子、兒女，連親兄弟也去世了。逝世前一年，諾貝爾留下遺囑，提出將部分遺產作為基金，放於低風險的投資，以其每年的利潤和利息獎勵那些在前一年為人類做出卓越貢獻的人。根據他的這個遺囑，從 1901 年開始，人們創立了具有國際性的諾貝爾獎。

　　諾貝爾在事業上成就非凡，名垂千古，但在情場上卻屢屢失意，孑然一身。他一生曾愛過四位女性，但均因種種原因未能如願，終令他徹底失望。由此，諾貝爾決心，今生今世永不戀愛，把自己所有的愛奉獻給科學。為甚麼諾貝爾在事業上取得了巨大的成功，卻在愛情上屢遭挫折呢？難道諾貝爾就沒有想過去改變自己，迎得女性的鍾愛嗎？

諾貝爾情場屢屢失意

青年時代，情竇初開的諾貝爾曾熱戀上一位在藥房工作的瑞典姑娘。然而，正當他們對未來充滿憧憬時，那位戀人因病去世，這突如其來的打擊給諾貝爾的心靈造成巨大創傷，久久不能平復。之後，諾貝爾又在巴黎邂逅一位法國姑娘，並向她傾訴了自己所有的煩惱：相貌難看、動作笨拙、前途渺茫、意志消沉、擔心別人瞧不起他等。那位女郎非但沒有小瞧他，反而一再鼓勵他要對未來充滿信心。這曾極大地激勵了諾貝爾，也令他對那女郎產生了戀情。之後他們約會了幾次，每次會面都給諾貝爾帶來極大的愉悅。但不久，那位姑娘斷絕與諾貝爾來往，這又令諾貝爾傷感了許久。

20多年後，諾貝爾因發明炸藥而名滿天下。他在眾親友的勸說下，鼓起勇氣，刊出了一則措辭相當含蓄的廣告："一位十分富有且受過高等教育、漸近老年的男士欲尋找一位中年女性，條件是能講多種語言、能勝任秘書業務、能承擔家務勞動。"不久，他便收到了奧地利的貝爾塔·金斯基小姐的來函。金斯基小姐受僱諾貝爾後，以她的不凡氣質和幹練作風給諾貝爾留下了極為深刻的印象。然而，正當諾貝爾對金斯基小姐產生戀意時，她卻不辭而別，並匆匆結婚。這次經歷又極大地挫傷了諾貝爾的自尊心，使他幾乎放棄了與女人一起生活的願望。

兩年後，諾貝爾在奧地利的巴登療養院與年齡小他一半的索菲·赫斯小姐邂逅。她出身於維也納一個普通的家庭，繼母對她不好，因而從家裏跑了出來。諾貝爾為之感動並迷戀上了她。他們相處了將近 20 年，諾貝爾希望有一個氣氛輕鬆、整齊舒適的家庭，可索菲卻追求生活享受。諾貝爾花了很多心血對她進行訓練和改造，可索菲無法忍受這一切，最後嫁給了一名匈牙利騎手，臨走時還得到諾貝爾的大筆饋贈。不想，她結婚後沒多久，那個騎手竟溜之大吉，索菲後來生下了一個女兒。諾貝爾獲悉此事後，特意在遺囑中做出明確安排：索菲每年獲得 50 萬克郎，用以維持生計和培養女兒。更可悲的是，赫斯之前常以"諾貝爾夫人"的身份同諾貝爾的所謂崇拜者鬼混。諾貝爾一再加以勸說，卻不起任何作用。這一切打碎了諾貝爾對愛情的最後一點希望。到後來，諾貝爾甚至患上了抑鬱症。極度失戀時，諾貝爾曾寫詩云："芸芸眾生的歡愉我不再分享，美人的青睞，多情的淚水不再使我動情。"

諾貝爾的愛情自卑情結分析

縱觀諾貝爾的愛情經歷，可謂十分苦澀和辛酸。表面上看，這好像是他時運不濟，但本質上，這是因為諾貝爾對愛情有着很深的自卑情結。他一向認為自己很醜陋，沒有吸引力，所以不敢大膽追求真正的愛情，總是在遷就女性的要求。

自卑情結（inferiority complex）最早由弗洛伊德的大弟子阿德勒（Alfred Adler）提出，它泛指個人對自我的價值、能力和成就的負面評估傾向。患有自卑情結的人看自己總是從消極的層面切入，因而時常有自憐自艾，自欺弗如的體驗。阿德勒進一步提出，人的成長動機來自於對自卑情結的克服。

需要強調的是，"自卑"不同於"自卑情結"，兩者的區別在於前者是個人對自我某一方面的否定與信心不足，而後者則是對自我的全盤否定與信心不足。在生活中，每個人都會嫌棄自我的某一方面，如嫌自己容貌不佳、身材不高、學習不夠好、工作能力不強等，那是自卑；但一個人方方面面都嫌棄自我，甚至連自己在他人心目中出眾的方面也嫌棄，那就是自卑情結了。

愛情的自卑情結表現為個人對自我的愛情價值、能力和結果的負面評估。它使人對愛情的追求只重過程而不重結果，只講自己的付出而不企望對方的回報。使人在愛情中忽略被愛的感覺，心甘情願地接受愛情的不平等。於是，瘋狂地相愛了一場，到頭來是為了"只要你說一聲愛我"。一句話，自卑情結導致愛情觀的自貶，而愛情觀的自貶又導致對愛情的盲目追求和錯誤理解。

聯繫到諾貝爾的愛情體驗：他第一位戀人的逝去，令他動搖了對愛情的期盼；第二位戀人的離開，令他開始形成對愛情的自卑情結；第三位戀人的不辭而別，強化了他對愛情的自卑情結；第四位戀人的背叛，更是令他徹底放棄了對愛情的信念。換言之，諾貝爾的愛情經歷不僅培養了他對愛情的自卑情結，還使他屢屢陷入自誤型愛情的泥潭。自誤型愛情的突出特點是愛得辛苦、愛得累贅、愛得沒有原則、愛得沒有自信。諾貝爾的四段愛情，除了第一段愛情是雙方的真情投入外，其他三段都是諾貝爾單相思或一廂情願，最後都以他深受傷害的結局收場。反之，如果諾貝爾能走出愛情的自卑情結，以"我很醜，但我很溫柔"的積極心態追求愛情，他應該大有機會獲取成功的。

自卑情結是愛情對人性的莫大摧殘

諾貝爾的情場失意告訴我們：愛情的單向投入只會使人陷入單向戀的泥潭。愛情的成功原則是雙向投入，如果不能使戀愛雙方都真情投入，則其愛遲早會蛻化變質，成為自憐自艾的角鬥場。換言之，如果愛的體驗長期或遠遠超過被愛的體驗，則愛情本身就是荒謬而無意義的。

諾貝爾的情場失意經歷還告訴我們：長期的單向戀會使愛情變成怨情。愛情長期求之不成、棄之不捨、恨之不得、撫之不可必然會曲扭人的心態，使人看自己、看他人都充滿了消極的情緒體驗，如無奈、焦慮、怨恨、惱怒等，它們加起來就是怨情。由此，怨情是愛與恨的交織，是不甘與無奈的角鬥，也是一廂情願與自討苦吃的結合。愛情變成怨情，其實就是愛情的自卑情結。怨情一旦成為愛情的主導，則人活在空白等候中不知其苦，眼淚流乾了不知其悲。這便是愛情對人性的摧殘。

說到底，愛情應該滋潤人的心田，愉悅人的心情，並使人更加自尊自信。愛情如果使人長期生活在自卑的體驗中，當是對愛情本身的莫大諷刺。

知識 小鏈接

阿德勒論自卑情結

　　自卑情結（Inferiority complex）是心理學家阿德勒（A·Adler）《個人心理學》一書中的核心概念，指一貫性的自我評價偏低。按照阿德勒的理論，自卑感在個人心理發展中有舉足輕重的作用。每個人都有先天的生理或心理缺欠，這就決定了人們的潛意識中都有自卑感存在。每個人解決其自卑感的方式影響他的行為模式，許多精神病理現象的發生與對自卑感處理不當有關。他認為人對"優越性"的渴望是起源於人的"自卑感"，而人的自卑感肇端於幼年時的無能。兒童對自卑感的對抗叫"補償作用"，補償作用是推動一個人去追求卓越目標的基本動力。按照艾里克森的人格發展理論，6—11歲是決定一個心理傾向是勤奮向上還是自卑、自暴自棄的關鍵階段。

4.5 斯大林——
自我成效感帶來的鋼鐵意志

那些少數的成功者能堅持到底的關鍵，
在於他們對實現目標的"自我成效感"
比一般人高得多，他們相信自己有達到目標的能力。

　　斯大林（公元 1879－1953 年），格魯吉亞人，原蘇聯共產黨和蘇聯政府的主要領導人，馬克思主義者，國際共產主義運動活動家、政治家、軍事家。其所創立的蘇聯社會主義發展模式對 20 世紀的世界產生了重大影響。斯大林 1894 年開始從事革命活動，1924 年 1 月列寧逝世後，斯大林成為蘇聯黨和政府的最高領導人。他帶領蘇聯人民在經濟建設和反法西斯戰爭中取得了輝煌成績，奠定了美蘇爭霸的世界格局，其歷史地位不可動搖。但斯大林一生也犯過許多錯誤，特別是其過於專斷粗暴的作風和擴大化的肅反運動，給蘇聯和國際共產主義運動造成了巨大損失。

　　1941 年 6 月，納粹德國實施全面入侵蘇聯的"巴巴洛薩"計劃。同年 11 月，德軍前鋒部隊已經推進至蘇聯首都莫斯科市郊，甚至見到了克里姆林宮的尖塔。就在整個蘇聯進入衛國戰爭最可怕、最殘酷的時期，斯大林作為蘇聯最高領導人，堅守莫斯科，並於 11 月 7 日在紅場舉行閱兵式，極大地鼓舞了蘇聯軍民的鬥志，最終取得了莫斯科保衛戰的勝利。

在存亡危急的關鍵時期，是斯大林鋼鐵般的戰鬥意志拯救了莫斯科、拯救了蘇聯。在如此困境之下，斯大林為甚麼依然可以保持冷靜的頭腦，他鋼鐵般的意志力又是從何而來的呢？

困境下的莫斯科

在二戰爆發前夕，蘇聯政權被西方國家孤立，英法等國綏靖德國，希望藉助德國抗衡蘇聯。為保障自身安全，避免捲入戰爭，1939 年，蘇聯與德國簽訂了《蘇德互不侵犯條約》。此後，蘇聯政府對德國放鬆警惕。1941 年 6 月 22 日凌晨，德軍發動入侵蘇聯的軍事行動。由於斯大林對形勢的誤判，蘇軍普遍準備不足。在戰爭初期，蘇軍防線在德軍摩托化部隊 "閃電戰" 的攻勢下很快崩潰。希特勒制定了代號 "颱風" 的作戰計劃，要在 10 月 12 日一舉攻佔莫斯科。為了達到迅速攻佔莫斯科的目標，德軍集中了最精銳的部隊，包括 74 個半師，180 萬人，1,700 輛坦克，1,390 架飛機，14,000 多門大炮和迫擊炮。而蘇軍方面雖然總共有 95 個師，但兵力卻只有 125 萬人，990 輛坦克，677 架飛機，7,600 門大炮和迫擊炮。

在懸殊的軍事實力對比面前，美國陸軍部長史汀生預測 "德國人將會在最少一個月、最多三個月內打敗和完全佔領蘇聯。" 英國的參謀部斷言："莫斯科將在兩到六個星期內被佔領。"、"德軍一定會像快刀切牛油似的穿過俄國。" 希特勒更是欣喜若狂，他得意洋洋地宣稱："即使莫斯科提出投降，也不接受。" 並揚言要在莫斯科紅場檢閱他的軍隊。

雖未能如願在 10 月 12 日攻克莫斯科，但 1941 年 11 月，德軍前鋒部隊已經推進至莫斯科市郊，甚至見到了克里姆林宮的螺旋狀尖塔。蘇聯部分政府機構與外交使團已經撤出了莫斯科。但斯大林拒絕撤離莫斯科，他要在戰爭第一線親自指揮一場對蘇維埃政權生死攸關的重大戰役，並決定 11 月 7 日舉行閱兵式，以鼓舞紅軍鬥志。

斯大林命令朱可夫大將確保閱兵期間莫斯科不受空襲，同時指示新聞部門現場攝製影片，儘快拷貝分送全國各地放演。閱兵那天，斯大林率領全體政治局成員出席，並發表演講，號召全蘇人民展開衛國戰爭。這一舉動極大地振奮了蘇軍的士氣，受閱部隊直接由紅場開赴戰場。由此，斯大林取得了與希特勒心理戰的一次大捷，儘管軍事上蘇軍仍處於劣勢。

1941 年 12 月 6 日，在抵擋住德軍幾次進攻之後，斯大林下達了反擊的命令，蘇軍集中兵力，出其不意，猛烈進攻。德軍在寒冬之中鏖戰月餘，補給不足，疲憊不堪，已然是強弩之末。短短幾天，就被蘇軍擊退 150—280 公里。希特勒氣急敗壞，下令撤掉陸軍總司令的職務，又下令撤掉前線指揮官馮·博克元帥和古德里安將軍的職務，但這並不能挽救德軍頹勢。粉碎德軍對莫斯科的包圍之後，斯大林命令蘇軍乘勝前進，發動全線進攻。莫斯科保衛戰的勝利，打破了德軍不可戰勝的神話，徹底打擊了德國的囂張氣焰，德軍損失慘重，再也無力在全線發動進攻。德國陸軍參謀長哈爾德不得不哀歎道："德軍常勝不敗的神話已經破滅！"

錘煉鋼鐵般的意志

曾幾何時，斯大林這個名字在中國家喻戶曉，婦孺皆知。斯大林，已經成為一個時代的象徵，被載入了史冊。然而，大部分人不知道，"斯大林"這個名字是他 34 歲時取的。他一生給自己取過兩個名字：一個是柯巴，流行於革命者中間；一個就是斯大林，震驚了整個世界。"斯大林"的俄文意思就是"鋼鐵"，表現了他鋼鐵般的性格。同樣，柯巴這個名字同他的性格也極為相符。"柯巴"，意思為"不屈不撓的人"、"無情的人"，在格魯吉亞的傳奇故事裏，這是一個綠林好漢的名字。

1913 年 2 月，投身革命的斯大林在聖彼得堡被捕，開始了長達 4 年之久的流放生活。流放的地點位於西伯利亞北部，靠近北極圈，氣候嚴寒，大部分時間是冬天。那裏的夜晚像是沒有盡頭，一天只有一兩個小時有一線光明衝破黑暗，曾有許多流放者因為無法忍受這樣痛苦的生活而選擇自殺。在這個地方，只有那些意志堅強的人才能活下來。斯大林不僅活了下來，而且將艱苦當作鍛煉、當作樂趣去享受。後來，每當斯大林談起西伯利亞，他說他熱愛那裏"嚴峻的美和粗獷沉默的人民"，熱愛那裏原始荒涼的大自然。此外，斯大林在沉悶、單調、幾乎與世隔絕的流放生活裏，學會了如何和當地人相處，並且從當地人身上學習如何在嚴寒的冬天捕魚，進一步錘煉自己的意志。

除了鍛煉自己的意志，斯大林還開始用大段的時間回顧自己的人生經驗和政治鬥爭歷程。他把流放看作自己反思和積累的機會，在心中逐漸形成了一種偉大的信念，這就是要通過革命徹底改變軟弱、不發達、管理不善的俄國，建立繁榮、強盛的國家。正是這股鍥而不捨、永不低頭的意志以及在西伯利亞流放期間鍛煉出的為達目的而忍辱負重的巨大耐性，斯大林拓展了政治生涯。十月革命勝利後，斯大林擔任了蘇俄一系列重要的黨、政職務。列寧逝世之後，斯大林成為蘇聯黨和政府的最高領導人，這也更加促使他要一往無前，奮鬥下去。

在二戰中，陷於絕境的蘇聯，正是憑藉着斯大林宛若鋼鐵般的戰鬥意志，才可以演出一場可歌可泣的絕境大反攻。斯大林堅持留守莫斯科，和蘇聯人民一起戰鬥到最後一刻，表現出了一種頑強的心理素質，無論戰事如何艱難他絕不退縮，因為他要向世人顯示，蘇聯紅軍是不可戰勝的，蘇聯精神是不可摧毀的。

斯大林的自我成效感分析

斯大林的鋼鐵意志，充分體現出心理學上的"自我成效感"作用。心理學家把人們對自己能否完成某項特定任務或應付某種情景的自我判斷，稱為"自我成效感"（self efficacy），它是影響個體自我調控的關鍵變量。自我成效感決定人們對活動的選擇及對該活動的堅持性；影響人們在困難面前解決問題的態度；影響人們新行為的獲得、習得行為的表現以及活動時的情緒。那些少數成功者能堅持到底的關鍵，在於他們對實現目標的"自我成效感"比一般人高得多，他們相信自己有達到目標的能力。只有一個擁有強烈自我成效感的人，才會擁有更高的成就動機，才會為達到自己的目標，作出更多的努力並持之以恆。

　　"斯大林還在莫斯科"，已經成為感染蘇聯人民的巨大精神力量，鼓舞着紅軍為了國家而浴血戰鬥。二戰結束之後，蘇聯在斯大林的領導下建立了一個可以與美國比肩的紅色帝國。可以説，如果沒有意志堅強的斯大林，歷史可能會被改寫，世界必定是另一種格局，連中國都可能會走另一條路。如果説希特勒想用鋼鐵意志逆轉歷史但最終還是失敗了的話，那麼斯大林就是成功地用他的鋼鐵意志驅動並截斷了歷史洪流。憑此，他的榮譽和威望也在這場戰爭中達到了巔峰。

　　後人評價斯大林：他的戰鬥意志是超一流的，他的處事冷靜是一流的，但他的軍事判斷是二流的，儘管後來有所提高。這個評價可謂是相當中肯而貼切。

知識 小鏈接

甚麼是自我成效感

　　自我成效感（self efficacy），又譯為自我效能感，指個體對自己是否有能力為完成某一行為所進行的推測與判斷。這一概念最早由美國心理學家班杜拉（Albert Bandura）提出，是社會學習理論的核心概念。在 1980 年代，自我效能感理論得到了豐富和發展，也得到了大量實證研究的支持。效能期望指的則是人對自己能否進行某種行為的實施能力的推測或判斷，即人對自己行為能力的推測。它意味着人是否確信自己能夠成功地進行帶來某一結果的行為。當人確信自己有能力進行某一活動，他就會產生高度的"自我效能感"，並會去進行那一活動。班杜拉等人的研究還指出，自我效能感具有下述功能：

1. 決定人們對活動的選擇及對該活動的堅持性；

2. 影響人們在困難面前的態度；

3. 影響新行為的獲得和習得行為的表現；

4. 影響活動時的情緒。

第五章

人格完善

　　人格完善是指一個人不斷認識自我、提升自我、完善現實的結果。美國心理學家羅傑斯（Carl Rogers）認為每個人都有兩個自我：現實自我（Actual Self）和理想自我（Ideal Self）。而只有當現實自我和理想自我達到結合的時候，人才能達到自我實現（Self Actualization）。

　　現代人格理論認為，一個人的人格受到先天遺傳和後天培養的共同影響。也就是說，人可以通過有意識的努力，不斷優化自己的人格。

5.1 | 李世民——
自謙人格　帝王典範

李世民勝而不驕，居安思危，
可謂是自我反省的超級榜樣。

　　李世民（公元 598—649 年），即唐太宗，唐朝第二位皇帝，他的名字意思是 "濟世安民"。李世民的前半生戎馬倥傯，為唐帝國的建立立下赫赫武功，後半生成功轉型為中國歷史上最傑出的政治家與君主之一。在他執政的貞觀年間（公元 627—649 年），中國歷史上出現了一個政治清明、經濟發展、文化繁榮、社會安定、武功鼎盛、人民安居樂業的太平盛世，被譽為 "貞觀之治"。

　　為甚麼李世民被尊稱為中國帝王的榜樣？他是如何開創貞觀之治的？他治理國家的經驗，有甚麼值得後人學習和借鑒的地方？此外，作為萬人仰戴的帝王，李世民又是如何可以做到知人善用，虛懷納諫的？

虛懷納諫，破除心理障礙

　　君王虛心納諫，首要破除君尊臣卑的心理障礙，儘量理智、積極地看待臣子們提出的諫議。李世民曾總結説："逆耳之辭難受，順心之説易從。彼難受者，藥石之苦喉也；此易從者，鴆毒之甘口也。明王納諫，病就苦而能消；暗主從諛，命因甘而致殞。"(《帝範‧去讒》)李世民之所以能成為中國帝王的榜樣，關鍵在於他懂得這個道理，能從"天子聖明"的假象中掙脫出來，以常人的眼光來看待自己，進而廣開言路，從善如流。更可貴的是，李世民從18歲投軍起到52歲病逝，始終保持清醒的頭腦，力戒自己滋生驕傲自大的情緒。並以古為鑒，以人為鏡，明於知人，善於任使，終而開創了"貞觀之治"的大好局面，為後人留下了無盡的思考與讚歎。

為了解除進諫者的思想顧慮，李世民一再強調自己深居九重，能力有限，不能盡知天下事。唯有集思廣益，群策群力，才能避免國家治理上的錯誤。他曾說："天下萬機，一人聽斷，雖甚憂勞，不能盡善。"(《新唐書‧列傳第五十七》)為使臣下安心進諫，李世民每見人奏事時，都儘量和顏悅色，以減輕奏事人的緊張情緒。即使所奏之事不合李世民之心意，也不當面斥責。他一再宣佈："朕今開懷抱，納諫諍，卿等無勞怖畏，遂不極言。"、"終不以犯顏忤旨，妄有誅責。"(《貞觀政要》)

由於李世民的這種求諫若渴的態度，在其執政期間，諫臣盈庭，除最著名的魏徵外，還有劉洎、馬周、褚遂良、岑文本等一干人。不僅大臣諍諫成風，連長孫皇后、賢妃徐氏、太子李治等家人亦不斷進諫。李世民還要求房玄齡等大臣也虛心納諫。他曾對房玄齡說道："公等亦須受人諫語，豈能以人言不同己意，便即護短不納？若不能受諫，安能諫人？"(《貞觀政要》)

李世民一個難能可貴的性格特點，是他勇於在臣子面前做自我批評，並不介意在臣子面前承認自己的不足。例如，在治天下上，李世民一再強調：「當今遠夷率服，百穀豐稔，盜賊不作，內外寧靜，此非朕一人之力，實由公等相匡輔。」、「朕端拱無為，四夷咸服，豈朕一人之所致，實賴諸公之力耳。」（《貞觀政要》）

《資治通鑒》記載了這樣一件事：李世民手下有一個臣子名叫党仁弘。曾是隋朝的武將，後投奔李淵，並屢建戰功。但他晚年任職大肆貪污，被舉報到李世民處。以党仁弘所犯之罪，大理寺曾在三天內五次奏請處斬。李世民召集大臣說：「仁弘犯了大罪，理當誅殺。但我看他滿頭白髮，竟要被斬首，實在於心不忍。我想求諸卿饒他一命，不知諸位可否答應？」群臣見李世民講得這麼懇切，就異口同聲地說：聽憑陛下處決。李世民聽了很高興，接着又說：「法者，人君所受於天，不可以私而失信。今朕私党仁弘而欲赦之，是亂其法，上負於天。欲藉藁於南郊，日一進蔬食，以謝罪於天三日。」房玄齡等人勸說道：「生殺之柄，人主所得專也，何至自貶責如此？」李世民說：「朕有三罪：知人不明，一也；以私亂法，二也；善善未賞，惡惡未誅，三也。」隨後，李世民詔命將党仁弘削職為民，遷往邊遠州郡居住。因為寬宥了一位犯罪的大臣而躬身自省、深深自責，足可見李世民身為帝王卻用於自我批評的可貴之處。

居安思危，保持頭腦清醒

李世民的另一可貴之處是他懂得居安思危，保持頭腦清醒。一次，李世民與侍臣議論到底是創業難還是守業難。房玄齡答曰：「草昧之初，與群雄並起角力而後臣之，創業難矣。」而魏徵則答曰：「自古帝王，莫不得之艱難，失之於安逸，守成難矣。」唐太宗評論說：「玄齡與吾共取天下，出百死，得一生，故知創業之難。徵與吾共安天下，常恐驕奢生於富貴，禍亂生於所忽，故知守成之難。然創業之難，既已往矣，守成之難，方當與諸公慎之。」（《資治通鑒‧卷一百九十五》）這件事說明李世民有着清醒的認識，深知創業與守成是同等的艱難。他不因創業有功就放縱自我，肆意享受。相反，他一再強調「亡隋之轍，殷不遠」。他曾言：「秦始皇平定六國，隋煬帝富有四海，既驕且逸，一朝而敗，吾亦何得自驕也？……朕為此不得不懼。」（《貞觀政要》）

　　貞觀十五年（641），天下太平，四海皆定，但李世民仍不敢放鬆自我。他以「二喜一懼」來形容自己的心情：「朕有二喜一懼。比年豐稔，長安斗粟直三、四錢，一喜也；北虜久服，邊鄙無虞，二喜也。治安則驕侈易生，驕侈則危亡立至，此一懼也。」（《資治通鑒‧卷一百九十六》）為了提醒自己，李世民還令起居郎在笏板上寫「居安思危」四個大字，並囑咐他們說「朕若不思，即向朕道。」（《魏鄭公諫錄‧卷四》）

　　李世民不但自己重視以古為鑒，防驕戒奢，還要求臣子和後代也做到這一點。例如，為了教戒太子、諸王，李世民除要求他們研讀《群書治要》之外，還命魏徵「錄古來帝王子弟成敗事」，撰成《自古諸侯王善惡論》，要他們一併研閱。到了晚年，李世民還為太子親自撰寫了《帝範》一書，將他一生的政治鬥爭與管理經驗寫進去，而其中心要義就是要以古為鑒，居安思危。他還在序言中特別指出：「自軒、昊以降，迄至周、隋，以經天緯地之君，纂業承基之主，興亡治亂，

其道煥焉。所以披鏡前蹤，博覽史籍，聚其要言，以為近誡
云耳。"

李世民如此"安不忘危，治不忘亂，思危戒懼，善始令
終"，作為一個帝王來說着實不易。因為在帝制時代，皇帝
有着至高無上的權力，又生活在一片歌功頌德的讚聲中，很
容易為權力所腐化，變謙為驕。對此，李世民清醒地指出：
"天子者，有道則人推而為主，無道則人棄而不用，誠可畏
也！"（《貞觀政要》）

李世民的自謙人格分析

李世民作為一代明君，其最可貴的人格特點是勇於在臣
子面前承認自己的不聖明，並善於肯定臣子的長處。對帝王
而言這本是大忌，可李世民卻能做到，這是因為他人格中具
有相當成分的自謙品質。

這一品質從心理學角度分析，是因為李世民有着超強的
自信心及自我批判意識。他自信的特點是愛自己也愛他人，
因此既自尊又自謙。"自尊"的概念最早由美國心理學家詹姆
斯（W. James）提出，他認為自尊（或自我價值感）＝成功／抱
負，即個人的實際成就與抱負水平的比值就是人對自己的價
值感受，這個公式表明在個體認為重要或寄予高期望的領域
裏的成功或失敗會更大程度上影響自我價值感。美國心理學
家羅森伯格（Rosenberg）認為，自尊是個體整體上對自己的態
度，是自我接納的程度。庫帕史密斯（Coopersmith）則認為自
尊是個體對自己的評價和態度，即在多大程度上相信自己是
有能力、重要、成功和有價值的。心理學還發現，自謙的人

對自己的優點不會否認但也不會驕傲，不拿自己的優點和別人的弱項相比。他們會真心聽取他人的意見，不會通過誇張的表演來展現自己。

正是基於這一人格特點，李世民才可以在聽取他人的批評建議時，不必擔心他人會超過他，嘲笑他，甚至篡奪他的皇位。而是儘量正面、積極看待他人的批評建議，以不斷反省，杜絕個人決策中的過失。李世民作為一代君王，留給後人最大的啟示莫過於其不斷反省、謙虛做人，這正是其人格魅力之所在。

自信與自尊

　　自信屬於自我的情緒成分，是個體對自己的情緒體驗，反映個體對自己所持有的積極態度。Rosenberg 將自信（self-confidence）定義為，個體成功地把握挑戰或克服困難的預期，或者更一般地講，是指個體相信自己能夠使事情朝自己的主觀願望發展。這裏的自信，強調"行為"與"自我評估"之間關係的重要性。

　　我們日常生活中所說的"自信"，不僅僅指人對行動的預想，它泛指個人對自己的積極評價、體驗和期望。它既影響個體對自身有關生活事件的看法，也影響個體生活的行動積極性。也就是說自信必然涉及兩方面的因素："自我"與"他人"。從這個含義上講，它更接近心理學概念"自尊"（self-esteem）。

5.2 蘇東坡——
樂觀豁達　笑傲江湖

蘇東坡的一生可用一幅對聯來概括：
上聯是"煩但不閑着"，下聯是"痛並快樂着"，
橫批是"苦日子好過"。

　　蘇軾（公元 1037－1101 年）字子瞻，號"東坡居士"，北宋眉州（即今四川眉山）人，北宋著名的文學家、書畫家。蘇軾是中國文學史上罕見的全才，他與父親蘇洵、弟弟蘇轍皆以文學名世，世稱"三蘇"，皆位列"唐宋八大家"。蘇軾亦有頗高的書法造詣，與黃庭堅、米芾、蔡襄合稱"宋四家"。蘇軾詩詞現存四千餘首，內容廣闊，風格多樣，以豪放為主，具有浪漫主義色彩。

　　蘇東坡一生仕途多舛，幾度沉浮，屢遭貶謫，未能充分施展其政治才幹。但他對苦難並非麻木不仁，對加諸其身的迫害也不是逆來順受，而是以一種全新的人生態度來對待接踵而至的不幸，並在逆境中保持濃郁的生活情趣和旺盛的創作活力，創作出了許多膾炙人口的佳作。

　　為甚麼蘇東坡越是苦難，越是可以找到自我？他如何在逆境中保持達觀心態？是甚麼樣的心理素質支持着他走過起伏跌宕的人生呢？

才高八斗卻命運坎坷

蘇東坡是中國文學史上一位罕見的通才人物，他的生活也是罕見的坎坷曲折。21 歲時，他與弟弟蘇轍一同參加科舉考試，終獲進士及第。宋仁宗在殿試蘇氏兄弟後，高興地對高皇后說他為大宋王朝找到了兩個宰相人材。可惜蘇東坡雖有宰相之才，卻無首輔之運，仕途生涯大起大落。雖才高八斗，卻總不得重用，或因作詩不慎，或因出言直率，一再被政敵抓住把柄，害得自己在將近 40 年的官宦生涯中，有三分之一的時間是在貶謫中度過的。

蘇東坡一生為官，曾出任過杭州、徐州、密州、揚州等地的地方官，也曾在中央政府任過兵部尚書、禮部尚書、中書舍人等職。他曾因烏台詩案而身陷囹圄，也曾被貶至黃州、惠州，並在 62 歲高齡貶任儋州（海南島）別駕（知州的秘書）。以蘇東坡當時之盛名去到天涯海角出任如此位卑的小職，其心中的不平可想而知。若換作其他人，很可能會感慨時運不濟，在這蠻荒之地"抑鬱而終"，但蘇東坡坦然而去，並且活着回來了。

在逆境中保持豁達樂觀

蘇東坡的一生落魄不定、懷才不遇，但他熱愛生活，並隨時隨地將個人的憂愁煩惱融入大自然中去，取得了非凡的成就。他的詩作憂國憂民如屈原，恬淡簡樸如（陶）淵明，任情揮灑如李白，寓意深厚如杜甫；他的詞作雄壯為骨，超逸為肌，開創豪放派詞風；他的散文氣勢充沛，行若流水，廣搜博引，自然清澈。他的繪畫向有"一燈分焰，照耀古今"之說，是"文湖州竹派"的領袖人物。他的書法灑脫遒勁，獨具風格。此外，蘇東坡還在軍事、醫藥、建築、水利、語言、音樂、飲食方面有極深的造詣。他開發出的菜有東坡肉、東坡鱥魚、東坡蝦、東坡筍、東坡餅、東坡豆腐等 20 多種。在逆境之中，蘇東坡寄情於山水烹調，保持了豁達的心態。

豁達，可謂是中國士大夫們千百年來追求的理想人格狀態。就心理學而言，豁達可謂是樂觀人格的突出體現。具體地說，樂觀既是一種動機狀態，也是一種性格品質。它包括了開朗、自信、堅毅、合群等人格特徵，也善於運用昇華、幽默、利他行為等成熟的心理防禦機制。從情商的角度來看，樂觀指個人面對挑戰或挫折時，不會滿腹焦慮、抱持失敗主義或意志消沉。在人生的旅途上較少出現沮喪、焦慮或情感不適應等問題。

蘇東坡的豁達在於：在人生得意時，他可以築一條蘇堤，創一代畫風；在人生失意時，他可以種地燒飯，就連"東坡"的雅號，也是他在耕田時苦中作樂做出來的。依照能量守恆定律：能量總是不變的，變的是把它往哪個方向引導。蘇軾由子瞻變為東坡，不僅是字號的改變，更是人格的轉變。當蘇軾還叫蘇子瞻的時候，他嚮往功名，追求成就；而在他變成蘇東坡後，他淡視功名，熱愛生活。

在壓力心理學中，有一個經典理論：問題不在於壓力本身，問題在於對待壓力的態度。換句話說，壓力的有效化解首先取決於對壓力的樂觀態度。在這層意義上講，蘇東坡一生最大的成就不在於其大量的文學創作，不在於其字畫的功夫，也不在於修築了蘇堤，而在於其經年修煉的苦中作樂的功夫，這才是他留給後人最大的精神財富，也是人們世代敬仰他的本質所在。

表 12　蘇東坡的豁達表現

人格特徵	特點	詩詞示例
主觀幸福感	使人多體驗快樂、歡欣、知足、自豪、欣喜、感激等愉悅情緒。	枝上柳棉吹又少，天涯何處無芳草。
樂觀人格	使人多自信樂觀、自主行動、忍受挫折等。	莫聽穿林打葉聲，何妨吟嘯且徐行。
認知調整	使人善調整認知，多從正面、光明的角度來看待逆境的能力。	人有悲歡離合，月有陰晴圓缺，此事古難全。但願人長久，千里共嬋娟。
幽默化解	使人具有幽默、詼諧的心態，以化解煩惱，釋放情緒，不斷體驗愉悅心情。	誰似龍丘居士賢，談空說有夜不眠，忽聞河東獅吼聲，拄杖落手心茫然。

蘇東坡的樂觀人格分析

　　蘇東坡無疑是一位樂觀主義者。在心理學上，樂觀人格者（dispositional optimism）突出特徵為：積極歸因生活挫折，辯證看待人生得失，對生活具有極大的自我能量。心理學的調查還顯示，開朗樂觀的人不僅較為健康（如癌症罹患率明顯低於悲觀抑鬱者），而且婚姻生活較為幸福，事業上也較易獲得成功。美國得克薩斯大學心理學教授史耐德發現，樂觀的人通常具備下列共同性質：較能自我激勵，能尋求各種方法實現目標，遭遇困境時能自我安慰，知所變通，能將艱巨的任務分解成容易解決的小部分。美國著名心理學家班杜拉（Albet Bandura）也曾指出，“一個人的能力深受自信的影響。能力並不是固定產生，能發揮到何種程度有極大彈性。能力感強的人跌倒了能很快爬起來，遇事總是着眼於如何處理而不是一味擔憂。”

美國心理學家柯巴沙（S. Kobasa）曾提出“堅韌人格”（hardiness）的概念。堅韌人格包括了承諾（commitment）、挑戰（challenge）和控制（control）三個層面。其中承諾指個人面對壓力不逃避困難及責任；挑戰指個人面對壓力勇於挑戰自我；控制指個人面對壓力能控制情緒。堅韌人格可以使壓力變得不那麼可怕，推動個人積極面對壓力的挑戰，提高人的應對能力，增強人的自尊自信。而這種人格的修煉和培養，是以最基本的樂觀人格為基礎的。

作為一名樂觀人格者，蘇東坡的人格當中含有大量的達觀品質和辯證思想，非常善於化解精神壓力。對他來講，生活的起落是人生的教科書，宦海的沉浮是其中的作業與考試。久而久之，蘇東坡練就了一顆平常心，不因宦海沉浮而自暴自棄，不因生活顛簸而怨天尤人。他永遠以一顆靜心來面對世間的得失進退，永遠以一份激情來化解人生的悲歡離合。這一切正如他的詞句所寫的那樣：“人有悲歡離合，月有陰晴圓缺，此事古難全。但願人長久，千里共蟬娟。"對此，林語堂先生在其《蘇東坡傳》中有一番高論："我可以說蘇東坡是一個不可救藥的樂天派……。蘇東坡比中國其他的詩人更具有多面性天才的豐富感、變化感和幽默感。……顯然他心中有一股性格的力量，誰也擋不了，這種力量由他出生的一刻就已存在，順其自然，直到死亡逼他合上嘴巴，不再談笑為止。"蘇東坡最佳的名言，是他對弟弟說過的一句話："吾上可陪玉皇大帝，下可以陪卑田院乞兒。眼前見天下無一個不好人。"這，便是蘇東坡的人格魅力所在！

知識 小鏈接

培養主觀幸福感的重要性

主觀幸福感旨在培養個人體驗快樂、歡欣、知足、自豪、欣喜、感激等愉悅情緒的能力。雖然這些情感體驗大多是人們與生俱來的生理反應，但通過幸福感訓練，人們可以強化對這些情感體驗的強度和持久度。美國心理學家福代斯（Fordyce）在 200 多名大學生裏做過一個提高幸福感的實驗研究，結果表明培訓幸福意識可以提高個人的幸福感受和生活滿意度。筆者的心理諮詢經歷也表明，強化人的愉悅情緒體驗可大大提高其對生活壓力的心理承受能力。美國心理學家伊森（Alice Isen）等人的研究表明，體驗正面情緒的人思考問題會更活躍。美國心理學家弗萊德遜（B.L. Fredrickson）也發現，體驗愉悅心情的人思考問題會更開闊。

5.3 曹雪芹——
在寫作中昇華自己的反叛

> 一部《紅樓夢》本質上是曹雪芹反叛心理的大宣泄，
> 也是其反叛人格的昇華表現。

　　曹雪芹（公元 1715—1764 年），名霑，字夢阮，號雪芹，又號芹圃、芹溪。清代著名文學家。從他的曾祖曹璽、祖父曹寅到父輩的曹顒、曹頫，曹家祖孫三代四人擔任江寧織造60 年之久。其祖父曹寅還曾做過康熙的伴讀和御前侍衛，後兼任兩淮巡鹽監察御史，極受寵信。康熙六下江南，四次由曹寅負責接駕。曹雪芹就是在這樣的富貴榮華中長大。雍正初年，受政局牽累，曹家遭受一系列打擊。雍正五年（1727），曹頫被革職並下獄治罪，籍沒家產。曹家北遷至京城，從此一蹶不振，日漸衰微。這一重大轉折，給曹雪芹幼小的心靈留下不可抹滅的記憶，使他深感世態炎涼，成年後遂摒絕官場，過着清貧的生活。晚年，他移居北京西郊，貧病交加，以致"滿徑蓬蒿"、"舉家食粥"。但他堅持完成了中國古典小說的巔峰巨著——《紅樓夢》的寫作和修訂。

　　為甚麼說經歷了人生重大落差的曹雪芹具有反叛人格？又該如何理解他通過文學創作，完成自己人格的昇華呢？

早年個性乖張

　　曹雪芹出身官宦世家，天資聰慧，卻自小不喜讀"四書"、"五經"之類的儒家經典，而尤好讀"雜學旁取"的野史閑書，並身雜優伶，客串登場。可以說，他從小就表現出極強的反叛意識。在《紅樓夢》中，有一首用來形容賈寶玉的《西江月》，不妨看作是曹雪芹自身的寫照："無故尋愁覓恨，有時似傻如狂。縱然生得好皮囊，腹內原來草莽。潦倒不通世務，愚頑怕讀文章。行為偏僻性乖張，那管世人誹謗。"曹雪芹的家人訓斥他不求上進，行為不檢，辱沒家風，甚至不惜動用"圈禁"大法來懲處他，都沒能壓制住他的反叛心理。

　　雍正死後，乾隆皇帝雖然撤銷了對曹家當初的指控，卻未能將原來的官職和家產發還給曹家。所以，曹雪芹成年後不得不像一般旗人那樣到指定的地方當差服役。他在內務府當了一段時間的差，日子過得很平庸，後來竟因言行不檢而被罷官。其間，曹雪芹先後寄居自己的姑母家、岳丈家，也曾住過寺院、馬棚等雜地。曹雪芹出身富貴，早年過慣了被人伺候的日子，現在正當壯年，卻要過寄人籬下，遭人白眼的日子，其內心之淒涼可想而知。後來，曹雪芹曾一度在某顯宦人家做館師，結果也因"有文無行"而被人辭掉。由此，亦可見其反叛的個性。

　　曹雪芹的餘生是在北京西山度過的。他在那裏有一間"茅椽蓬牖，瓦灶繩牀"的小房子，以賣畫與當村塾教師為生，過着"日望西山餐暮霞"，"舉家食粥酒常賒"的日子。窮困一直追隨着曹雪芹，卻也使他的頭腦一直保持清醒。他對這個社會有太多太多的感觸了，他在乾隆盛世之時已經感受到一股強烈的"末世感"。他要把這一切都寫下來，來喚醒人們對這所謂盛世的麻木。而且他要寫一本與世人之世俗觀念大相徑庭的書。於是寫《紅樓夢》便由原來的"閑來偷筆"的事情變成了終身的事業。

"反叛"在寫作中昇華

曹雪芹生活在無限的悲涼和清貧中，窮畢生之精力寫下了《紅樓夢》這部傳世之作。對此，他在今日《紅樓夢》的卷首有一段自我描述："欲將以往所賴天恩祖德，錦衣紈絝之時，飫甘饜肥之輩，背父兄教育之恩，負師友規談之德，以致今日一技無成，半生潦倒之罪，編述一記……"那麼，他到底要寫出甚麼意思呢？

首先，一部《紅樓夢》寫出了賈、王、史、薛四個豪門世族由盛至衰的敗落經歷，寫的是一個"樹倒猢猻散"的自然現象。無論他們曾經何等繁華富貴，到頭來都是"繁華事散逐香塵"，逃不了盛極必衰，一損俱損的結局。在這點上，曹雪芹寫《紅樓夢》突破了中國古典小說之結局"皆大歡喜"的格式，而具有古希臘文學之悲劇美的韻味，這是他反叛心理的必然表現。

其次，一部《紅樓夢》寫出了人情冷暖、世態炎涼。無論是當初甄士隱家破人亡之際，投奔其岳丈家而備受歧視；還是賈雨村發現甄士隱失散的女兒竟是薛蟠的小妾香菱卻不相營救；抑或是賈探春愧認自己生母的哥哥為舅子；賈母、王夫人與王熙鳳為使寶玉與寶釵成親而不惜使出"掉包"之計等等，全是人性醜惡的大暴露。可以說，《紅樓夢》將世態炎涼刻畫得入木三分、淋漓盡致，也真實地反映了曹雪芹本人的許多親身經歷。

一部《紅樓夢》還塑造了一個反叛少年賈寶玉的形象。他生長在溫柔富貴之鄉，鐘鳴鼎食之家，翰墨詩書之族，顯宦達官之戶，卻不習八股制藝，淡視功名利祿。賈寶玉愛讀野史雜書，還在外面流蕩優伶，表贈私物，並協助伶人琪官逃離王府，雖遭痛杖仍癡心不改。賈寶玉尤其討厭有人來給他講窮書通理，科舉求官的大道理。無論是甚麼人，只要想勸說他移志變情，必然會不給好臉看。

一部《紅樓夢》也寫出了曹雪芹對所有女性的尊重和愛惜。他通過賈寶玉之口說出：“女兒是水作的骨肉，男人是泥作的骨肉，我見了女兒，我便清爽；見了男子，便覺濁臭逼人。”賈寶玉之讚賞女性已到了自慚形穢的地步。他還說：“凡山川日月之精秀只鍾於女兒，鬚眉男子不過是渣滓濁沫而已。”賈寶玉不因自己是公子哥就鄙視女性，他視女性為純潔之物。並以讚美女性，服伺女性為榮，這不但大反了自古以來“男尊女卑”之傳統，也是以往小說中所從未有過的。

最重要的是，一部《紅樓夢》寫了一齣愛情的悲劇。它突破了中國古典文學對愛情的三種傳統處理方法：即以《金瓶梅》為代表的“淫婦型”寫法；以《女仙外史》為代表的“神異型”寫法；以《西廂記》、《牡丹亭》等為代表的“才子佳人型”寫法。寫出了一齣地地道道的愛情悲劇，一改中國愛情文學那種雖歷經波折卻最終團圓的模式。而這齣愛情悲劇的根源就在於主人公寶玉、黛玉的言行不為世俗所容，他們的愛情因而被傳統禮教所扼殺。也正是因為這樣一種赤裸裸的扼殺，才更加激發了人們對舊禮教乃至整個封建制度的痛恨，這正是《紅樓夢》之力量所在。一部《紅樓夢》，真可謂：
"浮生着甚苦奔忙，盛席華筵終散場。悲喜千般同幻渺，古今
一夢盡荒唐。漫言紅袖啼痕重，更有情癡抱恨長。字字看來
皆是血，十年辛苦不尋常。"

曹雪芹的反叛人格分析

　　曹雪芹生於優裕，歿於貧困，一生坎坷不平，飽嘗世態
炎涼。有一肚子的怨氣，也有滿腹的才氣。他將兩者結合起
來，寫出一部《紅樓夢》，為的是發泄對這世道的強烈不滿。
可以說，《紅樓夢》本質上是曹雪芹反叛心理的大宣泄，也
是其反叛人格的昇華表現。但這種反叛心理的宣泄不同於一
般，它不滿足於獲得一時的心理平衡，而是在追逐一種永恆
的思考。它不是在解嘲自我，而更多的是在解嘲整個社會。
它向人們展示的是，面對生活的挫折和失意，人完全可以通
過其他方式變得堅強和永恆起來。它還向人們展示，就是在
人生最壓抑和最醜陋的時刻，也會有最美麗和最可貴的事物
可出現。

　　曹雪芹的反叛人格也不同於一般青少年的反叛心理，它
不是簡單地挑戰權威，或是以表現自我來發泄內心的不滿，
而是以最深刻而又最含蓄的寫作和思考來喚起人們對人生真
善美的追求。在這層意義上講，曹雪芹的反叛人格實在是他
經年生活磨練的積累，也是人生智慧的結晶。

　　曹雪芹的反叛人格塑造了他放蕩不羈的性格。按照著名
紅學家周汝昌的觀點，曹雪芹放蕩不羈的性格主要表現在三
方面：一、嬉笑怒罵，意氣風生；二、素喜詼諧，滑稽為雄；

三、嫉俗憤世，傲骨狂形。曹雪芹的反叛人格不是針對某個人，或某種生長環境，而是針對某種社會現象，甚至是某種社會制度。他的反叛也不是革命暴力似的，而是和風細雨，但這種和風細雨的反叛給人帶來的思考一點不亞於一場巨大的革命。

曹雪芹在貧困落魄中走完了自己的人生道路。可貴的是，他沒有白白度過這段艱辛的日子，而是寫出了一本傳世之作——《紅樓夢》。這正應了孟子說過的一句話："故天將降大任於是人也，必先苦其心志，勞其筋骨，餓其體膚，空乏其身，行拂亂其所為，所以動心忍性，曾益其所不能。"

曹雪芹是中國文學史上的一位奇人，他英年早逝，留下了半部《紅樓夢》。可有人畢生都在研究他這半部書，仍覺有不盡的東西沒有研究透。他的書不僅是中國文學史上的瑰寶，也是世界文學史上的一顆耀眼的星。後人對他的推崇是他生前所沒有預料到的，也使他最初的反叛獲得了最大心理平衡。

知識 小鏈接

甚麼是反叛心理

反叛心理，又叫做叛逆心理或逆反心理。是指客觀環境與主體需要不相符合時產生的一種心理活動。它是指人們彼此之間為了維護自尊而對對方的要求採取相反的態度和言行的一種心理狀態。反判心理的表現主要有下列幾種類型：

超限逆反——指客觀要求超出了主體的承受能力或認知水平引起的逆反心理。

情境逆反——指客觀環境要求與主體需要不相符時的逆反心理。

自主逆反——指主體地位、尊嚴受到威脅時出現的逆反心理。

歸因逆反——即他人的說教、做法並無錯處，而動機不良引起的逆反心理。

失衡逆反——信息傳播者的言行或實際與其傳播的內容背道而馳，失去平衡從而引起的逆反心理。

5.4 林肯——
幽默人格　改變美國

幽默感使人富於創新思維和同情心，
無時無刻地追求煩惱中的快樂，衝突中的和諧。

　　林肯（Abraham Lincoln，公元 1809－1865 年），美國第 16 任總統，政治家，也是首位共和黨籍總統。林肯出生在肯塔基州哈丁縣一個清貧的農民家庭，用他自己的話說，他的童年是"一部貧窮的簡明編年史"。小時候，他幫助家裏搬柴、提水、做農活。 1816 年，林肯全家遷至印第安納州西南部，開荒種地為生。9 歲的時候，林肯的母親去世。在 25 歲以前，林肯沒有固定的職業，四處謀生。但他通過自學使自己成為一個博學而充滿智慧的人。1860 年，林肯當選為美國第 16 任總統。任內，通過南北戰爭，他成功地捍衛了聯邦政權，平息了南方奴隸主的叛亂。解決了困擾美國發展的內部矛盾，為美國的發展壯大奠定了基礎。1865 年 4 月 15 日晚，林肯在華盛頓的福特劇院遇刺身亡。由於林肯在美國歷史上所起的進步作用，人們稱讚他為"新時代國家統治者的楷模"。

　　林肯是美國歷史的一個謎。他出身貧賤，卻成為美國歷史上最受歡迎的總統之一；他一生充滿坎坷，飽受挫折，卻不屈不撓地追求個人的政治抱負；他的長相醜陋無比，不修邊幅，卻迷倒了千百萬的美國人。是甚麼使林肯享有如此高的感召力？我曾問過許多美國人，他們異口同聲地說，是林肯的幽默感染了後人。

那麼，林肯怎樣培養了自己的幽默感，幽默對他的人生又起了甚麼作用？這得從林肯的苦難人生說起。

與苦難搏鬥的一生

林肯的一生都在與苦難與不幸搏鬥。出身貧寒，幼年喪母，無錢求學，是他童年的痛創。23 歲時，林肯與他人合資做生意，結果生意欠佳，負了一大筆債。林肯本可以鑽個法律空子賴賬，但他堅持自己還債，直至 14 年後才還清。24 歲時，林肯結識了一位名叫安妮‧拉特利奇的女孩，她是林肯一生中唯一愛過的姑娘，可惜她後來得了傷寒病故。林肯為安妮的死而悲痛萬分，幾欲自殺，患上了抑鬱症，並與此搏鬥了 30 年。31 歲時，林肯與瑪麗‧托德小姐結婚。瑪麗出身富豪人家，受過良好的教育，她的夢想是成為總統夫人，總是在挑剔林肯的毛病，斥責他的不是。婚姻的不幸使林肯經常離家出走，或是長時間不回家。

25 歲起，林肯開始競選公職，卻輸掉了每次重大的競選。特別是 1854 年與 1858 年兩次競選伊利諾伊州參議員時，都是以相當近的票數輸給對手。1860 年林肯代表共和黨競選美國總統僥倖獲勝。像林肯這樣在 6 年內連輸兩次參議員競選卻能贏了總統選舉的情況，在美國歷史上是絕無僅有的。

林肯出任總統後，將一時之精英都攬入內閣，其中四人原是總統候選人（西華德、蔡斯、貝茲和卡邁榮）。不料他們都對林肯的當選深不服氣，也不相信像林肯這樣一位毫無行政經驗的律師會處理好國事。開始與這些人共事，林肯受盡了窩囊氣。就連他最好的朋友布朗寧都一度擔心林肯是否適合做總統。

大選揭曉後，南方種植園主製造分裂，發動了叛變。南方 11 個州先後退出聯邦，宣佈成立"美利堅諸州同盟"，並制定了新的憲法，選舉總統。1861 年 4 月，南方叛亂武裝首先挑起戰爭。北軍在人員和軍備上都優於南軍，卻在戰場中一再失手，這令林肯苦惱萬分。火上澆油的是，林肯就任總統的第二年，他最鍾愛的小兒子威利‧林肯病逝，當時前方的戰局亦很吃緊，林肯幾乎痛不欲生。直到後來林肯任命格蘭特將軍為聯邦軍總司令後，北軍才戰勝南軍。由此四年的內戰結束，奴隸制被廢除。

1864 年，林肯再次當選總統。可就在林肯可以享受一下勝利果實時，他被南方的支持者刺殺，時年 56 歲。

林肯的幽默表現

(1) 自嘲——林肯的情感宣泄

自嘲是幽默的常見形式之一，林肯的自嘲既不誇張，也不庸俗，是機智的表現，是同感的交流，更是情感的宣泄。例如，對於自己的醜陋相貌，林肯經常巧做文章。一次，林肯參加一個集會被邀發言，林肯不好明確拒絕，就講了個小故事：一天他遇見一位婦人，她仔細端詳了林肯後說："先生，你是我見過的最醜的男人了。"林肯回答說："夫人，我實在沒辦法，你有甚麼建議嗎？"那位婦人想了想後說，"那你總可以呆在家裏吧？"說完林肯就坐下了，大家先是怔了一下，然後就對林肯的機智回答報以熱烈的掌聲。還有一次，林肯與道格拉斯進行辯論，道格拉斯指控林肯說一套做一套，完全是個有兩張臉的人。林肯回應說："道格拉斯指控我有兩張臉，大家說說看，如果我有另一張臉的話，我會帶這張醜臉來見大家嗎？"林肯的話逗得大家哄堂大笑，道格拉斯自己也跟着笑了。

對於自己的不幸婚姻，林肯時常自嘲說："上帝（God）只有一個d，而我太太托德（Todd）家有兩個d，所以她可以對我如此放肆！"還有一次，林肯太太嫌一個女僕幹活不認真，狂數落了她一通，把她給嚇跑了。當天下午，那女僕的叔叔來取行李，又被瑪麗臭罵了一通。這位男子氣憤不過，找到林肯投訴。林肯耐心聽完了他的陳述後平靜說："我對你的遭遇深感抱歉，但15年來我無時不在忍受這種命運，你難道連15分鐘都忍受不了嗎？"那人聽了林肯的話，怒氣全消，還連忙抱歉不該打擾他。

對於自己的競選失利，林肯自嘲說："我出身卑賤，長大後缺乏有錢有勢的親友舉薦。如果你們認為我不適宜當選，也無所謂。反正我已習慣了失望，不會為了這一次的挫折而惱恨自己。"對於自己的貧困出身，林肯從不以為恥。初任總統時，曾有人笑話他的父親曾是個鞋匠，林肯自嘲說："不錯，我父親是個鞋匠，但我希望我治國能像我父親做鞋技術那樣地嫻熟高超。"他的話立即博得人們的一片喝彩聲。

（2）調侃——林肯的童心表現

調侃是幽默的另一常見形式，林肯的調侃從不含有惡意，而是充滿了童心的可愛。例如，一次林肯對司法部長貝茲開玩笑說：“你知道為甚麼你的鬍子全白了而頭髮沒有全白？”“為甚麼？”貝茲好奇地問，“就是因為你用下巴比用腦多。”林肯調侃說，接着就開懷大笑起來，貝茲也跟着笑了起來。

格蘭特和薛爾曼是聯邦軍的傑出將領，一次林肯與兩人會面後突然問薛爾曼：“你知道為甚麼我對你和格蘭特將軍另眼相待嗎？”對於總統的突然提問，薛爾曼有些惶惑，連忙說：“我不知道。”“就是因為你們兩個人從不給我找麻煩。”林肯的回答令三個人開懷大笑起來。後來有人向林肯投訴格蘭特將軍在前線常喝酒，林肯調侃說：“是嗎，我真想知道格蘭特喝的是哪一種酒，這樣我就可以給前線的每一位將領送一瓶去。”

林肯原本是一個極為不苟言笑的人，他的一生是在接踵不斷的磨難中度過的。挫折是他生活的主旋律，抑鬱是他人格的大敵，但為了使生活充滿陽光，他儘量改變性格，學會用幽默來化解這一切，直至生命的最後一刻。林肯每晚睡前要看幽默文集才會入睡。林肯還喜歡給別人講笑話，每次講笑話時，他的臉就會放光，眼睛就會發亮。有時候他會控制不住自己先大笑起來，並笑得手舞足蹈。笑，成為了林肯緩解壓力的最佳藥方。

林肯不僅改寫了美國的歷史，也改變了美國人的性格。由於他的幽默，美國人從早年清教徒的不苟言笑的生活方式中徹底解脫出來，幽默從此成為美國文化經久不衰的時尚。

林肯的幽默人格分析

林肯的笑是苦惱人的笑，這使得他的幽默更有感染力，也更深入人心。在心理學上，幽默感也是一種平等精神的表現，它在解剖嘲笑別人的同時，也勇於自嘲自剖。林肯的幽默充滿了人情味和平等精神，這使得他平易近人，和藹可親。更重要的是，幽默感使人富於創新思維和同情心，無時不刻不在追求煩惱中的快樂和衝突中的和諧。林肯在面對各種矛盾衝突時，都努力從另外的角度來看待同一個問題，因而他說的話十分具有哲理。

弗洛伊德認為，笑話給予我們快感，是通過把一個充滿能量和緊張度的有意識過程轉化為一個輕鬆的無意識過程。因此，他將幽默視作精神昇華的有效手段，並大力提倡人們學會用幽默來宣泄生活煩惱。心理學研究也表明，幽默感是一種善於捕捉生活中乖謬現象的敏感力，也是一種巧妙化解人際關係衝突的智力。幽默感不但使自己變得思維敏銳，笑顏常開，還會使他人變得胸襟豁達，善於思索。

美國人常說：「比起林肯受過的苦，我眼下的苦算得了甚麼？」、「既然林肯能變得幽默起來，我也能。」苦惱人的笑，這是林肯一生修煉的功夫，也是其人格魅力之所在。

如何培養幽默感

幽默是一種特殊的情緒表現，它是人們適應環境的工具，是人類面臨困境時減輕精神和心理壓力的方法之一。生活中多一點幽默感，就會少一點氣急敗壞，免一分偏執極端。培養幽默感，主要體現在下幾個方面：

第一，領會幽默的內在含義，機智而又敏捷地指出別人的缺點或優點，在微笑中加以否定或肯定。幽默不是油腔滑調，也非嘲笑或諷刺。

第二，擴大知識面，幽默是一種智慧的表現，它必須建立在豐富知識的基礎上。一個人只有擁有審時度勢的能力、廣博的知識，才能做到談資豐富、妙言成趣，從而做出恰當的比喻。

第三，陶冶情操，樂觀對待現實。幽默是一種寬容精神的體現，要善於體諒他人。要使自己學會幽默，就要學會雍容大度，克服斤斤計較的情緒，同時還要樂觀，樂觀與幽默是親密的朋友。

第四，培養機智、敏捷的能力，是提高幽默感的一個重要方面。只有迅速地捕捉事物的本質，以恰當的比喻，詼諧的語言，才能使人們產生輕鬆的感覺，並做到幽默而不落入俗套。

參考書目

塔西佗著，王以鑄、崔妙因譯，《編年史》，商務印書館，1981。

吳長翼編，《八十三天皇帝夢》，文史資料出版社，1983。

吳晗著，《朱元璋傳》，人民文學出版社，1985。

朱智賢主編，《心理學大詞典》，北京師範大學出版社，1989。

陳壽著，蘇淵雷主編，《〈三國誌〉今註今譯》，湖南師範大學出版社，1991。

周汝昌著，《曹雪芹新傳》，外文出版社，1992。

春林、廣建編，《清宮秘聞》，珠海出版社，1994。

田桂軍、劉瓊編著，《拿破崙傳》，長江文藝出版社，1996。

王新裁編著，《林肯傳》，湖北辭書出版社，1996。

曾子魯著，《王安石傳》，吉林文史出版社，1998。

李海文主編，《周恩來家世》，黨建讀物出版社、中國青年出版社，1998。

董衡巽著，《海明威評傳》，浙江文藝出版社，1999。

張鈞、楊惠濱著，《性格與命運》，時代文藝出版社，2000。

林闊編著，《袁世凱全傳》，中國文史出版社，2001。

薛學共、黃小用編著，《周恩來超群智慧》，當代中國出版社，2001。

富勒著，許綬南譯，《西澤大帝》，（台灣）麥田出版社，2001。

翁飛、王瑞智主編，《李鴻章外交之道》，陝西師範大學出版社，2002。

張壯年、張穎震編著，《中國歷史秘聞軼事》，山東畫報出版社，2003。

劉樂土著，《趙構皇帝》，北京圖書館出版社，2003。

戴維・肖特著，李丹、趙蓓蓓譯，《尼祿》。上海譯文出版社，2003。

阿真編譯，《斯大林：鋼鐵巨人》，光明日報出版社，2003。

章正餘編著，《羅斯福》，京華出版社，2003。

楊順編譯，《希特勒：惡魔元首》，光明日報出版社，2003。

李言主編，《麥克阿瑟：剛烈將軍》，長安出版社，2003。

陳壽著，陳華勝編寫，《三國誌人物故事》，浙江古籍出版社，2004。

葉奕乾主編，《現代人格心理學》，上海教育出版社，2004。

張義理主編，《臨牀心理學》，人民軍醫出版社，2004。

陳文德著，《諸葛亮大傳》，九州出版社，2006。

李一冰著，《蘇東坡大傳》，九州出版社，2006。

商務印書館 讀者回饋咭

請詳細填寫下列各項資料，傳真至2565 1113，以便寄上本館門市優惠券，憑券前往商務印書館本港各大門市購書，可獲折扣優惠。

所購本館出版之書籍：＿＿＿＿＿＿＿＿＿＿＿＿＿＿＿＿＿＿＿

購書地點：＿＿＿＿＿＿＿＿＿＿＿ 姓名：＿＿＿＿＿＿＿＿＿＿＿

通訊地址：＿＿＿＿＿＿＿＿＿＿＿＿＿＿＿＿＿＿＿＿＿＿＿＿＿

電話：＿＿＿＿＿＿＿＿＿＿＿ 傳真：＿＿＿＿＿＿＿＿＿＿＿

電郵：＿＿＿＿＿＿＿＿＿＿＿＿＿＿＿＿＿＿＿＿＿＿＿＿＿＿＿

您是否想透過電郵或傳真收到商務新書資訊？ 1□是 2□否

性別：1□男 2□女

出生年份：＿＿＿＿＿年

學歷：1□小學或以下 2□中學 3□預科 4□大專 5□研究院

每月家庭總收入：1□HK$6,000以下 2□HK$6,000-9,999
3□HK$10,000-14,999 4□HK$15,000-24,999
5□HK$25,000-34,999 6□HK$35,000或以上

子女人數（只適用於有子女人士） 1□1-2個 2□3-4個 3□5個以上

子女年齡（可多於一個選擇） 1□12歲以下 2□12-17歲 3□18歲以上

職業：1□僱主 2□經理級 3□專業人士 4□白領 5□藍領 6□教師 7□學生
8□主婦 9□其他

最多前往的書店：＿＿＿＿＿＿＿＿＿＿＿＿＿＿＿＿＿＿＿＿＿＿＿

每月往書店次數：1□1次或以下 2□2-4次 3□5-7次 4□8次或以上

每月購書量：1□1本或以下 2□2-4本 3□5-7本 2□8本或以上

每月購書消費：1□HK$50以下 2□HK$50-199 3□HK$200-499 4□HK$500-999
5□HK$1,000或以上

您從哪裏得知本書：1□書店 2□報章或雜誌廣告 3□電台 4□電視 5□書評/書介
6□親友介紹 7□商務文化網站 8□其他（請註明：＿＿＿＿＿＿＿＿＿ ）

您對本書內容的意見：＿＿＿＿＿＿＿＿＿＿＿＿＿＿＿＿＿＿＿＿＿
＿＿＿＿＿＿＿＿＿＿＿＿＿＿＿＿＿＿＿＿＿＿＿＿＿＿＿＿＿＿＿

您有否進行過網上購書？ 1□有 2□否

您有否瀏覽過商務出版網（網址：http://www.commercialpress.com.hk）？1□有 2□否

您希望本公司能加強出版的書籍：1□辭書 2□外語書籍 3□文學/語言 4□歷史文化
5□自然科學 6□社會科學 7□醫學衛生 8□財經書籍 9□管理書籍
10□兒童書籍 11□流行書 12□其他（請註明：＿＿＿＿＿＿＿＿＿＿ ）

根據個人資料「私隱」條例，讀者有權查閱及更改其個人資料。讀者如須查閱或更改其個人資料，請來函本館，信封上請註明「讀者回饋咭-更改個人資料」

香港筲箕灣
耀興道 3 號
東滙廣場 8 樓
商務印書館（香港）有限公司
顧客服務部收